U0872610

教育部职业教育与成人教育司推荐教材
中等职业学校旅游服务与管理专业教学用书

LÜXINGSHE GUANLI GAILUN

国家旅游局人事劳动教育司　编

旅行社管理概论

（第2版）

旅游教育出版社
·北京·

审定专家

肖德昌

肖　波

出版说明

为适应旅游中等职业教育的需要,国家旅游局人事劳动教育司根据旅游中等职业学校的课程设置和教学大纲,组织业内专家编写了这套《全国旅游中等职业教育教材》。该教材自 1994 年出版以来,受到广大师生的普遍欢迎,对我国旅游中等职业教育的发展起了重要作用。迄今为止,该教材已成为出版时间最早、使用范围最广的国家旅游中等职业教育骨干教材。

为了进一步适应旅游专业的发展要求,提高教材质量,反映旅游业的最新发展状况和旅游职业教育研究的最新成果,我们组织有关专家根据教育部、国家旅游局对旅游职业教育的学科规划和行业要求,对该套教材进行了必要的修订增补,以确保国家骨干教材应有的科学性、先进性,充分反映国家职业教育改革的新精神、新要求,满足 21 世纪旅游业的人才需求。

此次修订,一是根据教育部与国家旅游局关于旅游中等职业教育的课程设置、教学大纲与教学计划,结合劳动部关于旅游职业技能鉴定标准的要求,吸收国外职业教育的成果与经验,按课程设置和课程标准的要求,对每科教材的课程性质、适用范围、教学重点、教学方法、教学时数、考核评估等进行了认真研究。新版教材正确把握了课程设置与教材编写的关系,从课程标准的角度把旅游业对人才的具体要求与旅游职业教育教材的具体编写有机结合起来,既体现了教材紧贴行业实际的针对性、实用性,又体现了教材的科学性、规范性,使可教授性与可学习性得到有机的统一,全面反映了现代职业教育教材应有的教育理念。二是在教材的具体修订中,我们根据旅游业的发展需要和旅游职业教育的课程设置与教学要求,组织有关专家编写增补了近年来旅游发展的行业新内容,使教材体系更完整、更科学。三是在保持原教材科学性、权威性的基础上,本次修订特别注意了中职学生的学科基础与未来职业要求,重点强调了教材的实用性。在原版教材科学性的基础上,本版教材强调了教与学、学与用的关系,加大了技能技巧、实际应对、操作标准、模拟训练等内容的比重,使之既能体现课程要求和行业特点,又符合国家职业技能标准的要求。四是在内容安排上,适当精简了部分内容,将原版教材中既占课时又不便于教学的内容,或删减或置于附录,便于教师灵活运用和利于学生分清主次。五是针对旅游学科实践性强的特点,本版教材特别注意增补了一些案例,目的是强化案例教学的作用。最后,为方便教师教学和学生学习,还增设了学习重点、案例分析、本章小结、中英文对照规范服务用语等栏目,旨在让读者花最少的时间掌握最有用的信息。

为深入贯彻《中共中央国务院关于大力推进职业教育改革与发展的决定》中关于职业教育课程和教材建设的总体要求,进一步落实教育部等七部门《关于进一步加强职业教育工作的若干意见》,我社对《全国旅游中等职业教育教材》进行了重新梳理,旨在积极推进教材改革,开发和编写具有职业教育特色的教学改革试验教材。

教改试验教材将以学生为中心、以能力为本位、以就业为导向,全面推进素质教育,重点培养学生的职业能力,使学生获得继续学习的能力,能够考取相关技术等级证书或职业资格证书,为旅游业的繁荣和发展输送学以致用、爱岗敬业、脚踏实地的高素质劳动者。

教改试验教材将贯彻如下职业教育理念：

1. 职业教育性：渗透职业道德和职业意识教育；体现就业导向，有助于学生树立正确的择业观；培养学生爱岗敬业、团队精神和创业精神；树立安全意识和环保意识。

2. 内容先进性：注意用新观点、新思想来审视、阐述经典内容；适应经济社会发展和科技进步的需要，及时更新教学内容，反映新知识、新技术、新工艺、新方法。

3. 教学适用性：教学内容符合专业培养目标和课程教学基本要求；取材合理，分量合适，符合"少而精"原则；深浅适度，符合学生的实际水平；与相邻课程相互衔接，避免不必要的交叉重复。

4. 知识实用性：体现以职业能力为本位，以应用为核心，以"必需、够用"为度；紧密联系生活、生产实际；加强教学针对性，与相应的职业资格标准相互衔接。

5. 结构合理性：教材的体系设计合理，循序渐进，符合学生心理特征和认知、技能养成规律；结构、体例新颖，有利于体现教师的主导性和学生的主体性；适应先进的教学方法和手段的运用。

6. 使用灵活性：体现教学内容弹性化，教学要求层次化，教材结构模块化；有利于按需施教，因材施教。

目前，《全国旅游中等职业教育教材》已列入教育部职成司《2004—2007 年职业教育教材开发编写计划目录》，并成为教育部职业教育与成人教育司推荐教材，实现了行业教育与职业教育的平稳对接。

作为全国唯一的旅游教育出版社，我们有责任及时反映旅游业发展的新要求和旅游专业教育的新理念、新成果，把专业权威的教材奉献给广大读者。为此，我们将不断努力，回报广大师生和读者对我们的厚爱！

旅游教育出版社

LÜXINGSHE GUANLI GAILUN

目录

第1章 旅行社管理导论

学习重点

- 我国与欧美发达国家旅行社的定义及旅行社的几种基本业务
- 旅行社管理的定义、旅行社管理的要素、旅行社管理的基本职能、旅行社管理的基本观念
- 旅行社的发展历程

第一节 旅行社的定义、基本业务

一、旅行社的定义

（一）我国旅行社的定义

我国国务院于2009年2月20日最新颁布的《旅行社条例》中明确规定："旅行社是指招徕、组织、接待旅游者等活动，为旅游者提供相关旅游服务、入境旅游服务或者出境旅游服务的企业人员。"

从定义中可以看出，我国的旅行社具备以下两个基本特征：

（1）旅行社是以盈利为目的的企业，这就决定了我国的旅行社必须自主经营、自负盈亏，其经营活动必须符合市场经济规律的内在要求。

（2）旅行社的经营范围是与旅行有关的相关服务，任何旅行社不得超范围经营。

（二）欧美等西方发达国家旅行社的定义

欧美等西方发达国家旅行社的概念与我国旅行社的概念有所不同，他们把我们所说的旅行社按照业务范围的不同划分为旅游经营商和旅游代理商两大类。旅游经营商就是主要经营批发业务的旅行社或旅游公司。所谓的批发业务是指旅行社根据自己对市场需求的了解和预测，大批量地订购交通运输公司、饭店、目的地经营接待业务的旅行社、旅游景点等有关旅游企业的产品和服务，然后将这些单项产品组合成不同的包价旅游线路或包价度假产品，最后通过一定的销售渠道向旅游消费者出售。旅游代理商就是主要经营零售业务的旅行社，其主要业务是代表顾客购买或预订旅游经营商及有关旅游交通、住宿、娱乐方面的旅游企业的产品。也可以说，旅游代理商的业务是代理上述旅游企业向顾客销售产品。

二、旅行社的基本业务

旅行社的基本业务主要包括四类。

（一）产品开发业务

旅行社的产品开发业务包括以下内容：

（1）进行以客源为主的市场调查，继而对客源市场细分，从细分市场中选择目标市场，最后进行市场定位。

(2)针对定位后的客源市场,对旅游产品的需求进行创意和设计(主要是线路和日程安排等)。

(3)将设计好的产品进行小批量、小范围的试产、试销,以观察旅游者的接受程度和喜爱程度。

(4)当产品试销反映良好时,马上抢占先机,加大市场投放力度,扩大销售渠道,形成规模效益。

(5)及时准确地分析评估产品效果,根据评估结果和跟进的竞争者情况采取相应对策:或进一步完善,或做适当改进,或及早开发新产品而取代老产品的经营。

(二)产品采购业务

旅行社的产品采购业务指的是旅行社在生产旅游产品时,需要向相关的产品供应商购买各种旅游服务项目。旅行社的采购业务主要涉及交通、住宿、餐饮、参观游览、娱乐、保险等相关部门和单位以及旅游线路中的地接旅行社。旅行社采购产品的质量和价格,对提供给旅游者的整体产品质量和价格影响甚大。

(三)产品销售业务

旅行社的销售业务就是把产品更多、更快、更好地卖出去的经营过程,它包括:

(1)制定切实可行的产品销售策略(包括价格策略)。

(2)确定最佳的产品销售渠道(包括直接销售渠道和间接销售渠道)。

(3)采取适当的促销手段,即与分销渠道配合,通过多种形式的宣传招徕活动引起目标市场的注意和激发目标市场的兴趣;通过咨询和形象展示激发重点对象的购买欲望;通过门市网点方便并鼓励购买者的购买行动;通过合同、协议与旅游者成交。

(4)除外部销售外,旅行社还应重视内部(特别是导游)的销售行为,以优质产品和服务赢得顾客的赞誉并使其代为义务宣传促销。

(四)接待业务

接待是旅行社的主要业务,它是旅行社与旅游者签订产品购销合同后的履约服务。旅行社的接待业务内容有两种划分。

1. 按业务活动的地域范围划分

(1)出境旅游接待业务。由出境游组团社的领队服务和境外接待社的服务组成。

(2)入境旅游接待业务。由境外客源地组团社领队(也有的入境散客无领队)和境内目的地的组团社(或接待社)全陪导游及境内相关目的地的地接社地陪导游共同的服务组成。

(3)国内旅游接待业务。由国内组团社全陪导游和地接社地陪导游共同为国内旅游者提供接待服务。

2. 按业务活动的组织形式划分

(1)团队旅游业务。旅行社通过向旅游团队提供接待服务,最终实现各种形式的包价旅游产品的交换。团队旅游接待业务通过全陪和地陪导游服务完成。

(2)散客旅游业务。这是旅行社接待业务中一项以散客为接待对象的旅游服务业务,包括单项或多项委托业务、咨询业务和选择性服务业务等。

以上是关于一般的旅行社基本业务的简单概括,但我们也应当认识到,不同类型和不同规模的旅行社在业务范围方面可能有不同的侧重。

第二节 旅行社管理的基本知识

一、旅行社管理的定义

旅行社管理是指旅行社的管理者从实际出发，按照旅游市场的规律和规则，运用企业管理的原理和方法，带领本社员工以高效率、高质量、高效益的运转机制实现盈利目的的活动过程。

二、旅行社管理的要素

任何一种管理活动都必须同时具备四大要素：首先要有管理主体，即由谁来管；其次要有管理客体，即管什么；第三要有管理目的，即为何而管；最后要有管理手段，即如何管。旅行社管理活动也离不开这些基本要素。

(一)旅行社管理的主体

旅行社管理的主体是旅行社的管理者，即那些在旅行社组织中担任一定管理职务，拥有相应管理职权，通过充分发挥管理职能和个人魅力，从而能够带领下属并积极影响其他相关人员为实现旅行社的经营目标作出贡献的人员。

(二)旅行社管理的客体

旅行社管理的客体亦称管理的对象或管理的资源，它是管理者实现管理目标的必备条件，旅行社的管理客体包括人、财、物、时间、信息、环境六方面，这六个方面构成了一个有机联系、密不可分的整体。

(三)旅行社管理的目的

旅行社是企业，企业经营的主要目的是盈利，管理就是以最少的资源消耗去赢得持久而稳定的最大经济收益。旅行社在追求和获得最佳经济效益时，还必须注重社会效益和生态效益的和谐统一。

(四)旅行社管理的手段

就管理本身而言，它实际是一种手段，即管理者凭借个人精明的头脑、先进的理念、丰富的知识和经验，有效利用各种资源和方法，充分发挥管理的各种职能，去组织、指挥、协调、激励他人共同实现目标的领导艺术。

三、旅行社管理的职能

(一)旅行社管理的计划职能

计划是企业管理中的首要和关键职能。旅行社的计划管理职能就是为旅行社的未来确定发展目标，明确实现目标的途径和步骤，让全体员工沿着正确的方向和路线，步调一致地早日实现目标的管理功能。

(二)旅行社管理的组织职能

组织职能是旅行社为了实现确定的目标和行动方案，合理配置各种资源，按照分工合作及责、权、利统一的原则，充分调动员工积极性，从而使群体形成大于个体相加的效能效绩的管理功能。

(三)旅行社管理的指挥职能

指挥职能就是旅行社管理者凭借其在旅行社组织系统中的职位权力对下属工作进行的

指导和监督。

(四)旅行社管理的协调职能

协调是指人们通过协商和调解相互关系而达到平衡和谐的一种管理活动。协调职能是旅行社管理的一项重要职能,是指在旅行社的经营管理活动中,为了实现计划目标,而对旅行社内部部门与人员之间和旅行社与外部部门、公众特别是旅游者之间进行的协调活动。

(五)旅行社管理的控制职能

控制职能是指旅行社在管理活动中,按计划目标和组织规程去检查衡量、调控制约的管理行为。控制管理是旅行社管理的一项主要职能,贯穿于旅行社经营管理活动的全过程。

四、旅行社管理的基本观念

(一)管理的市场观念

旅行社管理者应有的市场观点为:

1. 市场导向观念

在市场经济形势下,虽然各国政府对培育旅游市场仍有宏观指导和微观规范的调控与监管,但总的发展趋势是宏观上进一步开放,微观上进一步搞活。在我国,随着多元化产权形式的旅行社均享有平等的"国民待遇"地位和市场竞争中的经营自主权,真正主导市场方向的"魔棒"肯定是市场价值规律。

2. 市场主体观念

旅游市场的主体或中心是旅游者,他们是占主导地位的买方。旅行社要想赢得买方的青睐和光顾,只有提供对路的产品、合理的价位、优质的服务和独特的品牌,才能对他们产生强烈而持久的吸引力。

3. 市场竞争观念

正常而有序的竞争是旅游市场活力的表现和必然。旅行社的管理者应该认识到那种"商场如战场"、"同行是冤家"、非要争个你死我活(有的甚至不择手段)的观念是落伍的竞争观念;一般的竞争观念是"抢占先机",凭自身实力扩大市场份额;先进的竞争观念是主动与竞争对手"联手",共同把市场"蛋糕"做大,用品牌的价值代替市场份额。

4. 市场风险观念

旅游市场也同样存在经营风险。平庸的管理者对风险缺乏敏感,风险来临时只能无奈地面对;一般的管理者有一定风险意识,平时会谨慎地躲避风险(如购买责任保险),风险来临时也会尽力减少损失;高明的管理者能较早预见风险,能以过人的胆识和实力应对、化解风险,有时还会主动去冒险或制造风险。

5. 市场监管观念

在旅游市场上,购销双方的等价交换完全出于自愿,也常需要第三方(主要是政府主管部门)的监管。旅行社的管理者应该认识到:非法经营的"黑社"和违规经营的不良旅行社总是害怕、逃避监管;管理有缺陷的旅行社总是无奈地接受但尚能服从监管;那些守法经营、严于自律的旅行社总是欢迎并主动配合监管,以实际行动自觉维护市场秩序,为培育更大更强更完善的市场作出贡献。

(二)管理的人本观念

以人为本的观念引入现代企业管理发端于20世纪60年代,80年代引起普遍重视并被广泛采用。旅行社的管理者应该理解人本观念的内涵。

1. 员工是旅行社的资本

旅行社是由人组成的。在旅行社的各种资源中,人是最宝贵的资源。员工的劳动不仅要看作成本,而且是比金钱资本重要得多的智力资本,这种资本会产生比其他资本高得多的效益。因此,旅行社的竞争说到底就是人才的竞争。

2. 员工是旅行社的主体

"旅行社员工是旅行社的主体"与"旅行社的管理者是旅行社管理的主体",这两种提法并不矛盾。旅行社的管理者只有把员工看做是旅行社的主体,去尊重、关心、依靠员工,员工才会把自己也看作旅行社的主人,积极参与旅行社的管理。

3. 员工第一

这是美国RT旅行社的掌门人哈尔·罗森布鲁斯提出的人本新观念,他认为只有当公司将员工置于首位时,员工才会全心全意为顾客服务。

4. 为员工服务

"管理是对人的服务"这一观念已不仅仅是指为旅游者服务和为旅行社产权所有者服务,还明确包括首先为旅行社员工服务。

5. 使员工也满意

旅行社管理成功的主要标志之一,是让业主、员工、顾客以及社会相关单位和个人都能受益,都能满意。

当然,人本管理观念可能有些理想化和超前化,但这种观念指导下的管理已不乏成功范例,如RT旅行社就是很好的证明。

(三)管理的效益观念

效益是所有企业管理的永恒主题和根本目的。旅行社管理者的效益观念应包括以下几点:

1. 综合效益

旅行社最基本和最主要的效益观是追求经济效益,但同时也必须注重社会效益和生态效益。

2. 规模效益

旅行社的经营已步入薄利微利发展阶段,只有规模化经营(薄利多销)才能产生规模效益。

3. 共同受益

只有共同把市场"蛋糕"做大,才能拓宽财路;只有让大家(包括国家、合作商家、旅游者、员工等)都受益,自己才能从中受益。

4. 长远利益

不能只顾眼前利益而搞短期行为和"一锤子买卖",应有长期稳定增长的效益观,以诚信经营、薄利多销、优质服务、不断创新的可持续发展远见,代替只顾眼前利润最大化的短见。

第三节 旅行社的发展历程

一、西方发达国家旅行社的发展历程

(一)旅行社的诞生阶段(1845 年—19 世纪末)

19 世纪中期,随着资本主义国家工业革命的完成,近代旅游业中的主体——旅游者大量出现;旅游交通(蒸汽机轮船和火车)变得快捷、方便;旅游饭店已渐成雏形,旅行社应运而生。

托马斯·库克旅行社是世界上第一家旅行社,其创始人就是被誉为“旅行社之父”的托马斯·库克(Thomas Cook)。

托马斯·库克于 1808 年 11 月 22 日出生在英格兰的贫寒之家,10 岁辍学,先后在一个小园艺场和一个小木器厂当学徒,他的两位师傅都因酗酒而惨死。不久,库克对基督教浸信会关于戒酒的宣传产生共鸣,就毫不犹豫地入会并当了一名诵经人和传教士,力劝人们戒酒。1841 年 7 月 5 日,库克创造性地包租了一列火车,组织了 540 人由莱斯特到拉夫伯勒去参加一个戒酒大会。这次活动(包括往返 39 公里的租车费、一顿午餐、一份午后茶点,每人收费仅为 1 先令)被后人公认为是首次包价旅行。以后,他还组织过几次类似的旅行。1845 年 8 月,库克在莱斯特正式成立了以自己名字命名的旅行社,专门从事旅行和旅游委托代理业务。1865 年,托马斯·库克与其子约翰·梅森·库克合伙成立了“托马斯·库克父子公司”(中文译作“通济隆”),并将公司总部设在伦敦。

托马斯·库克旅行社成立之后,美国、比利时、法国、德国等其他西方国家也相继成立了自己的旅行社。

(二)旅行社行业的形成阶段(19 世纪末—1950 年)

这一阶段尽管发生了两次世界大战和两次世界经济大萧条,但同时也是科技超常发展(特别是内燃机用于旅游交通)、旅游饭店出现和旅游者间歇性增长的阶段,也是旅行社行业的初步形成阶段,主要表现在:

1. 旅行社行业协会成立

1919 年,“欧洲旅行社组织”在法国巴黎诞生;1949 年,“世界旅行社协会”成立,总部设在瑞士日内瓦。

2. 旅行社业内三巨头称雄

三巨头是指英国的托马斯·库克父子公司、美国的运通(旅游)公司和以比利时为主的欧洲铁路卧车公司,它们的分支机构扩张到世界很多国家和地区。

3. 新的旅行社不断增加

1912 年(一说 1926 年),以外事接待为主的日本国际观光局改制为商业经营的日本(东亚)交通公社,很快成为旅行社业的后起强社;1927 年,原苏联成立国营的旅行社。

4. 旅行社业内垂直分工的出现

此后,旅行社已不仅仅是旅游代理商,开始出现了一些旅游经营商和少数的旅游批发商。

5. 旅行社传统经营模式开始变化

根据旅游者需求的变化,旅行社突破以团体包价观光旅游为主的传统经营模式,已呈现

出旅游产品多样性和销售方式灵活性的新特点。

（三）旅行社行业的成长壮大阶段（1950—至今）

1950年以后，旅行社赖以发展的社会环境因素发生了巨大变化，即旅游者的大众化；交通、通信的现代化；旅游吸引物的多样化；旅游饭店的星级化；政府扶植态度的明朗化等，这些变化都极大地促进了旅行社业的成长和壮大。

这一阶段的旅行社行业发展主要体现在以下几方面：

1. 旅行社的数量急剧增长

这一阶段，旅行社的数量迅速增加，有些发达国家旅行社的数量已接近或达到市场需求的极点。

以美国为例：1950年，航空运输协会指定的代理业务旅行社为1949家；1960—1970年为3939家；1978年为10002家；1982年为20000家；1985年超过30000家；1996年底竟达42000家，创历史之最。

2. 旅行社的收入不断增加

这一阶段，旅行社行业的收入增长很快，特别是在整个旅游业收入中所占的份额不断扩大，显示了旅行社在旅游业的地位和作用。

以1993年为例：全世界国际旅游总收入（不含国际航空）超过3000亿美元，其中美国旅行社的收入达934.68亿美元，占了近30%；欧共体国家旅行社的收入为752.22亿美元，占25%。

3. 旅行社业内集约化程度日渐增强

这一阶段，其他行业的实力资本开始涉足旅行社业；旅行社业内的一些实力企业加速横向、纵向拓展。这两股实力很快形成了集约化经营的中坚势力，并呈现明显的垄断化趋势。

1992年，法国17家大型旅行社拥有2512个分支机构，占了全国总数的66%；德国22家大社有1742个分支机构，占总数的19.1%，营业收入占29.1%；1993年，英国5家大社有1963个分支机构，占总数的28.5%；美国占总数13%的旅行社的营业收入占全国营业收入的46%。

4. 高科技的运用和作用日益重要

这一阶段，科学技术的迅猛发展和广泛运用，对旅行社业的影响和推动日益重要，特别是20世纪70年代以来的信息技术就更为明显。西方发达国家的旅行社相继实现了办公自动化，开展电子商务、国际互联网上的咨询、预订和网上交易等。比较典型的案例有：

美国的罗森布鲁斯旅行社（Rosenbluth Travel，简称RT）1892年诞生于费城，是个家庭式小旅行社。1978年营业额为20万美元，1980年为4000万美元。1981年设立首家旅行社商务预订中心，1983年成功开发了Readout系统，以后不断推出新系统。1990年销售额达10亿美元，1992年达15亿美元，跃居全美第5大旅行社（2002年为40亿美元，居第4位）。

二、中国旅行社的发展历程

我国与外国的国情不同，旅行社产生和发展的历史阶段划分尚无定论，本书尝试按旅行社的产权形式进行阶段划分。

（一）旅行社的民营企业阶段（1923年—新中国成立）

20世纪前后，英国的通济隆、美国的运通、日本的国际观光局等旅行社相继占领我国市场，垄断了我国的国际旅游业务。

创办中国第一家旅行社的人是近代爱国民族资本家陈光甫先生。1923年8月15日，陈光甫在自己的“上海商业储蓄银行”设立“旅行部”;1927 年 6 月 1 日,将该部单独注册为“中国旅行社”。

宗旨:发扬国光,服务行旅,阐扬名胜,改进食宿,致力货运,推进文化。

社徽:五角红星,上缀黄色“旅”字,星之四周加蓝边,取“星者示向”和“服务行旅”之意。

刊物:《旅行杂志》(1955 年改名《旅行家》)。

机构:总部(设在上海,解放前夕迁至香港,即现香港中国旅行社)及设在国内外的近百家分、支社和办事处。

业务:相当广泛,主要有代办业务,委托管理业务,自营或联营旅馆,经营国内游、出境游和入境游业务。

继中国旅行社之后,国内也出现过少量的旅行社,如公路旅游服务社、中国汽车旅行社、精武体育会旅行部、现代旅行社等,但规模及影响均远逊于中国旅行社。

这一阶段是我国特定的历史时期,旅行社的数量极少。

(二)旅行社的事业机构阶段(新中国成立后—1984 年)

新中国成立后诞生的第一家地方旅行社是 1949 年 11 月 19 日厦门军管会接收并改组的“华侨服务社”。

第一个全国性的旅行社是 1954 年 4 月 15 日经政务院(1954 年 9 月后称国务院)批准在北京成立的“中国国际旅行社”及其设在 14 个城市的分社。

1957 年 4 月 22 日,经国务院批准成立“中国华侨旅行服务总社”及其设在各地的分支机构;1966 年“文革”开始后,“中国华侨旅行服务总社”被迫撤销;1972 年 8 月经党中央批准恢复,改名为“中国华侨旅行总社”;1974 年 1 月 3 日,国务院批准增设“中国旅行社”,与“中国华侨旅行总社”合署。

1964 年 7 月 22 日,全国人大常委会批准成立“中国旅行游览事业管理局”,与“中国国际旅行总社”合署,一直到 1982 年 7 月 17 日才分署。

1980 年 6 月 27 日,经国务院批准成立“中国青年旅行社”;1984 年改称“中国青年旅行社总社”并在各地设立分支机构。

这一阶段的旅行社属行政事业单位并有如下特征:

1. 数量少,不足以构成行业规模

长期以来,只有国旅和中旅两个旅行社系统,后来加上一个青旅系统。至 1984 年全国总共才有 170 家旅行社。

2. 业务单一,不追求经济效益

旅行社是政府外事部门下属的只负责接待入境自费旅游者的事业单位,以政治接待为主,因在改革开放之前长期被封锁,改革开放之初很多条件又不配套,所以接待人数极其有限,故对经济效益不作要求,能自收自支就相当不容易了,一般是财政差额拨款。

3. 为旅行社的发展积累了经验

一是旅行社在外事旅游系统最早接触到了发达国家旅游业商业运作的“气息”。

二是旅行社在开展“民间外交”活动中,做到了“宣传自己,了解别人,广交朋友”。

三是旅行社的人员是按涉外人员标准配备的,按“三过硬”(政治、业务、外语)的要求工作,按“外事无小事”纪律约束,培养了一批骨干。

四是旅行社的事业性质使人们也痛感到它有不少弊端。

(三)旅行社的公有制企业阶段(1985—至今)

1985年1月31日,国务院同意将旅行社由事业单位性质转变为企业单位性质,并同意放开国有资本进入旅行社行业(在此稍前,国旅总社已率先由事业单位改为企业单位),提出了国际旅游和国内旅游一起抓,旅行社实行分类管理等重大改革目标。同年5月11日,国务院发布了《旅行社管理暂行条例》,正式明确了旅行社的企业性质,并把旅行社按业务范围划分为三类(1996年10月15日又调整为国际社和国内社两类)。

国家旅游局为了推动促进旅行社行业的发展并规范旅行社行业的经营活动,相继出台了一系列政策和制度,为旅行社业的形成和发展创造了良好的条件。

这一阶段是旅行社行业的初步形成和较快发展的重要时期,主要表现在以下方面:

1. 国有资本进入,使旅行社的数量迅速增加,并初步形成行业规模

自1985年招商、康辉、铁旅等一大批国有资本旅行社成立以来,旅行社的数量除个别年份(如1989年)略有回落外,一直呈强劲增长势头。与1984年全国只有150家旅行社相比:1987年为1245家,1992年为2592家,1997年为4986家,几乎每5年就翻一番。

1997年10月27日,中国旅行社协会成立,标志着我国旅行社行业的初步形成。

2. 以业务系统为纽带的旅行社集团相继成立,成为旅行社业中的骨干力量

1988年12月16日,中国青年旅行社集团率先成立;1989年3月23日,中国国际旅行社集团成立;1990年,中国旅行社集团成立。1995年,这三大旅行社集团共有成员单位215家,接待入境游客163万人次,占入境游客总数的20.5%。

招商、康辉、铁旅也相继组成各自的旅行社集团,1995年这三大新集团共有成员单位55家,以占全国旅行社总数6%而取得占营业收入7%和占利润22%的佳绩。

另外,还涌现出了上海春秋、广州广之旅和部分省市海外旅游总公司等一批颇具活力的新兴旅行社。

3. 旅行社企业经营初见经济效益

旅行社由事业单位改变为企业单位,标志着旅行社作为一个独立的经济行业的开端。企业自负盈亏后,就会积极“找米下锅”,在经营中获得收益。国家旅游局旅行社业务年检报告称:1997年,全国旅行社总数为4986家(其中国际社991家),从业人员12万多,营业收入总额为234.8亿元,利润总额为5.13亿元。

4. 开始重视并采用信息技术

国旅总社早在20世纪80年代就率先实现了组团业务电脑化和财务结算电算化。90年代初,组建了内部局域网。1997年采用DDN专线方式将内部局域网与国际互联网接通,开辟了全球电子邮件和网络传真服务。

5. 企业管理迈出了蹒跚步伐

不少旅行社开始按照企业经营机制要求进行内部管理制度的改革,如实行目标管理、岗位责任制、工效挂钩、承包经营、加重奖惩、人员招聘等,取得了一定成效,但尚未触及产权制度和人事制度这些根本性问题。

当然,这一阶段出现和存在的问题也还不少,如挂靠和承包经营造成的短期行为、依附主管部门权力保护造成的不公平竞争、一些旅行社及人员的违规操作导致投诉不断,等等。

本章小结

本章是全书的导论部分，主要介绍了有关旅行社管理的基本知识。在学习旅行社管理的基本知识之前必须对旅行社有一个全面的了解，因此就需要了解旅行社的定义、分类和旅行社的基本业务类型等方面的知识，这些知识就构成了本章第一节的内容。在介绍第一节内容的基础上，本章的第二节主要介绍了旅行社管理的定义、基本职能，以及旅行社管理的基本观念等旅行社管理的基础知识。要想全面了解旅行社和旅行社管理的相关知识，必须对旅行社的历史有一个全面的认识，因此，本章第三节介绍了这方面的相关知识。

思考与练习

1. 旅行社的基本业务有哪些？
2. 在我国，国际旅行社的经营范围是什么？
3. 什么是旅行社管理？旅行社管理的基本职能是什么？
4. 你认为在现代市场经济条件下，旅行社的管理者必须具备什么样的经营管理思想。

第2章 旅行社的设立及组织管理知识

学习重点

- 旅行社设立的条件、组建旅行社的基本形式
- 影响旅行社设立的因素
- 设立旅行社的基本程序
- 旅行社组织机构设计的原则、旅行社主要的组织机构模式

第一节 旅行社设立的条件、影响因素和组建旅行社的基本形式

一、旅行社设立的条件

国家工商总局在1992年《关于改进企业登记管理工作,促进改革和经济发展的若干意见》中将旅游业列为特许经营的行业,也就是说,旅游企业申请开办登记,首先应当按照规定报请行业管理部门(各级旅游行政管理部门)审批,经批准后再向工商行政管理部门办理注册登记手续,这种注册方式就是我们通常所说的"双重注册"。国务院2009年2月20日发布的《旅行社条例》具体规定了设立旅行社所应具备的条件,主要包括以下几方面:

(一)营业场所

旅行社经营必须具备固定的营业场所。营业场所就是旅行社开展其业务活动的地点。这里所说的"旅行社必须具备固定的营业场所"有两层含义:一是指旅行社必须有足够的经营用房;二是指旅行社拥有的经营用房必须相对固定,即可以在较长的时间内为旅行社拥有或使用。之所以在法律上明确规定旅行社的营业场所,主要是为了保证旅行社能够开展业务活动、履行债务,接受旅游行政管理部门的监督和管理。旅行社的经营场所既可以是自己拥有的场所,也可以是租借的场所。

(二)营业设施

旅行社经营必须具备必要的营业设施,主要是指旅行社必须具备足够的传真机、直线电话、电子计算机等办公设施,设立国际旅行社还要有业务用汽车等。

(三)注册资本与质量保证金

《旅行社条例》规定:申请设立旅行社,经营国内旅游业务和入境旅游业务的,应有不少于30万元的注册资本。

质量保证金制度是我国旅行社行业的特殊规定,其目的是加强旅游行政管理部门对旅游服务质量的监督和管理力度。质量保证金的所有权属于旅行社,但是必须交由旅游行政管理部门的专门机构进行管理,主要用来赔偿在旅行社经营期间由于旅行社的过错或破产而造成的旅游者合法权益的损失。质量保证金产生的利息归旅行社所有。

旅行社应当自取得旅行社业务经营许可证之日起3个工作日内,在国务院旅游行政主

管部门指定的银行开设专门的质量保证金账户,存入质量保证金,或者向作出许可的旅游行政管理部门提交依法取得的但保额度不低于相应质量保证金数额的银行担保。

经营国内旅游业务和入境旅游业务的旅行社,应当存入质量保证金20万元;经营出境旅游业务的旅行社,应当增存质量保证金120万元。

旅行社每设立一个经营国内旅游业务和入境旅游业务的分社,应当向其质量保证金账户增存5万元,每设立一个经营出境旅游业务分社,应当向其质量保证金账户增存30万元。

二、影响旅行社设立的因素

(一)内部因素

内部因素是旅行社自身可以控制的因素,当然这里所说的"可以控制"只是一个相对的概念。影响旅行社设立的内部因素主要有以下几个方面:

1. 资金

资金是影响旅行社设立的最重要的内部因素。如果外部条件允许,那么开设一家旅行社面临的首要问题就是资金问题。虽然《旅行社条例》等国家法规对旅行社注册资金的最低限额有明确规定,但是这一限额不一定能满足旅行社业务发展的需要,这就要求旅行社根据实际情况确定资金的需求量,并通过各种渠道筹措资金。资金筹措的主要渠道有旅行社自有资金、银行贷款和合伙股金。

2. 营业场所

这是旅行社可以自我控制的另一因素。旅行社的营业场所必须符合旅行社业务经营的要求,其中最重要的一个方面就是旅行社的选址问题。总的来说,旅行社选址应当考虑以下几个方面的因素:(1)旅行社必须设在方便居民出入的地区;(2)尽量避免与其他单位合用办公室,且必须有独立的出口;(3)尽量避免设立在旅行社密集的地区,以减少竞争压力。

3. 客源渠道

在外部条件具备以后,旅行社能否建立有效的销售网络,保证旅行社有稳定的客源,也是旅行社可以通过主观努力加以解决的。客源是旅行社的生命线,旅行社是否具备稳定的客源将最终决定旅行社的经营状况。

(二)外部因素

外部因素是指旅行社自身无法控制而又受其制约的那些因素。影响旅行社设立的外部因素主要有两个:

1. 旅游业的总体发展状况

旅游业的总体发展状况对一个地区旅行社的设立有相当重要的影响。如果一个地区旅游业的发展水平高,且持续发展,那么旅游客源就有了保证。与之相适应,为旅游者提供服务的各部门、各行业也会有所发展,这就优化了旅行社经营的外部环境,因为旅行社为旅游者提供的旅游服务的实现有赖于这些相关部门和行业的服务;相反,如果旅游业总体发展水平比较低,那么设立旅行社的外部环境就会十分不利,从而会增加旅行社的经营成本。

2. 国家有关的政策法规

任何企业都要受国家和地方有关法律法规和政策的限制,任何超越国家和地方法律法规和政策规定的行为都要受到制裁。因此,在设立旅行社之前,必须仔细研究与旅行社设立密切相关的法律法规和政策。总的来说,与旅行社设立有关的法律法规和政策主要包括申办者的从业经验、法定注册资本金、营业保证金和旅行社业务经营许可制度等管理制度。国务院于2009年2月20日公布并将于2009年5月1日起施行的《旅行社条例》、国家旅游局1995年1月1日发布的《旅行社质量保证金暂行规定》和《旅行社质量保证金暂行规定实施细则》对以上几个方面的内容作了比较系统的阐述。

三、组建旅行社的基本形式

现阶段，我国已经形成了国有独资公司、股份有限公司、有限责任公司、股份合作公司和外商投资公司五种组建形式并存的格局。这五种形式全部实行有限责任制度。

(一)国有独资公司

我国《公司法》规定，经国家授权的部门可以设立独资旅行社。国有独资公司在称谓上可以不冠以"公司"字样。在我国现阶段，国有独资公司一般都是从原先意义上的国家所有转变为所有权和经营权相分离的企业。我国现有的国家旅行社许多都是这种组建形式。

国有独资旅行社具有以下特征：公司财产是国家所有，公司不存在股权、股份和股票；公司不设董事会，总经理由主管部门任命；公司职员是国家聘用的工作人员；公司所有权与经营权分离后，经营权包括使用权、收益权和转让权；公司的产权在个人之间是完全不分的，或者说是完全重合的。

(二)股份有限公司

股份有限公司是《公司法》确定的基本的公司形式，它把全部资本划分为等额股份，并通过股票的形式上市自由交易。采取这种形式的公司可以通过发起设立和募集设立的方式组建。所谓"发起设立"，是指发起人认购公司应发行的全部股份而设立公司；所谓"募集设立"，是指由发起人认购公司应发行股票的一部分，然后通过向社会公开发行股票，募集其余部分资金的方式设立公司。

股份有限公司的股东可以是自然人也可以是法人，数量不限。股份有限公司的股票是一种有价证券，可以自由认购、自由转让。股东认购股票后不能退股，但可以通过在股票市场出售股票的方式来收回自己的资金。股份有限公司对股东负有限责任，上市公司必须依法公开其财务状况。

在管理体制上，股份有限公司实行董事会领导下的总经理负责制，总经理通过董事会对全体股东负资本经营的有限责任，并负责管理公司事务。

股份有限公司根据上市情况可以分为国内上市公司(A股)、国外上市公司(B股)、国内外上市公司(A股和B股)和未上市公司四种。未上市公司的股票原则上可以在公司内部有规则地进行交易。

(三)有限责任公司

有限责任公司是指不通过发行股票的方式而由为数不多的股东集资组建的公司。有限责任公司股东的人数是2人以上50人以下，其资本不需要划分为等额的股份，也不发行股票，公司在收到股东交付的资金后即出具股权证明，作为股东在公司享有权益的证明。股权证明不能自由买卖，如有股东要转让股权，应得到其他股东的同意并接受一定的条件限制，且本公司的股东享有优先购买权。如果将股权转让给非公司内的其他人员，则需征得全体股东的同意。有限责任公司的股东以其出资额对公司承担有限责任。股东的出资可以是货币，也可以是实物、知识产权和其他无形资产等。

有限责任公司的董事会成员和高层经理人员往往具有股东身份，大股东一般亲自经营和管理公司，公司股权和法人财产权的分离程度不高。另外，公司的成立、歇业和解散的程序比较简单,管理机构也不复杂,公司不必公开财务状况。

(四)股份合作公司

股份合作公司是以合作制为基础,企业职工共同出资入股,吸收一定比例的社会资产投资组建,实行自主经营、自负盈亏、共同劳动、民主管理、按劳分配和按股分红相结合的一种集体经济组织。采取股份合作制形式的旅行社一般是由原来的集体所有制旅行社转化而来的,其规模一般较小,员工也比较少。该类型旅行社全部资产归股权持有者所有,股权持有者一般既是股东又是员工,员工的收益包括工资和分红两部分。公司有股权但不发行股票,也不开股权证明,财产关系由合同规定。总经理由股权持有者选聘或自任,职工由公司聘任。

(五)外商投资公司

外商投资公司分为中外合资公司、中外合作公司和外商独资公司等几种形式,外商投资公司的产权形式和特点与股份有限公司和有限责任公司相同。其主要特点是吸收外国资本进入。

第二节　设立旅行社的基本程序

一、申请批准

设立旅行社的第一步就是申请有关部门批准。由于国家工商局已经在1992年将旅游业列为特许经营的行业,所以旅游企业申请开业登记必须首先报请行业归口管理部门(各级旅游行政管理部门)审批,然后再向工商行政管理部门办理登记注册。

申请设立旅行社,经营国内旅游业务和入境旅游业务的,应当向所在地省、自治区、直辖市旅游行政管理部门或者其委托的设区的市级旅游行政管理部门提出申请,并提交符合《旅行社条例》相关证明文件。受理申请的旅游行政管理部门应当自受理申请之日起20个工作日内作出许可或者不予许可的决定。予以许可的,向申请人颁发旅行社业务经营许可证,申请人持旅行社业务经营许可证向工商行政管理部门办理设立登记;不予许可的,书面通知申请人并说明理由。

申请经营出境旅游业务的,应当向国务院旅游行政主管部门或者其委托的省、自治区、直辖市旅游行政管理部门提出申请,受理申请的旅游行政管理部门应当自受理申请之日起20个工作日内作出许可或者不予许可的决定。予以许可的,向申请人换发旅行社业务经营许可证,旅行社应当持换发的旅行社业务经营许可证到工商行政管理部门办理变更登记;不予许可的,书面通知申请人并说明理由。

二、注册登记

旅行社经旅游行政管理部门批准后,申请者应当在收到业务经营许可证的60个工作日内,持批准设立文件和许可证到工商行政管理部门办理注册登记手续并领取营业执照。工商行政管理部门在收到申办者提交的全部文件后,应在30个工作日内作出批准登记或不予批准登记的决定。批准登记的,工商行政管理部门发给旅行社"企业法人营业执照"或"营业执照"。旅行社营业执照签发日期,为该旅行社成立日期。旅行社应当将许可证与营业执照一起悬挂在营业场所的显要位置。

三、办理税务登记

旅行社应当在收到营业执照后的30个工作日内，向当地税务部门办理开业税务登记手续，并在办理好银行账号后，申请税务执照。办理税务执照时应向当地税务部门领取统一的税务登记表，认真填写各项内容，经税务机关审核后，发给税务登记证。办理好税务登记后，旅行社就可以根据营业执照刻制公章，开立银行账户，申领发票并开始营业。

四、设立分支机构的规定

根据业务经营和发展需要，旅行社可以设立非法人分社和服务网点等分支机构，但不能设立办事处、代表处和联络处等办事机构。

旅行社设立分社的，应当持旅行社业务经营许可证副本向分社所在地的工商行政管理部门办理设立登记，并自设立登记之日起3个工作日内向分社所在地的旅游行政管理部门备案。

旅行社分社的设立不受地域限制。分社的经营范围不得超出设立分社的旅行社的经营范围。

旅行社设立专门招徕旅游者、提供旅游咨询的服务网点（以下简称旅行社服务网点）应当依法向工商行政管理部门办理设立登记手续，并向所在地的旅游行政管理部门备案。

旅行社服务网点应当接受旅行社的统一管理，不得从事招徕、咨询以外的活动。

五、对外商投资旅行社的特别规定

外商投资旅行社，包括中外合资经营旅行社、中外合作经营旅行社和外资旅行社。

设立外商投资旅行社，由投资者向国务院旅游行政主管部门提出申请，并提交符合本条例第六条规定条件的相关证明文件。国务院旅游行政主管部门应当自受理申请之日起30个工作日内审查完毕。同意设立的，出具外商投资旅行社业务许可审定意见书；不同意设立的，书面通知申请人并说明理由。

申请人持外商投资旅行社业务许可审定意见书、章程，合资、合作双方签订的合同向国务院商务主管部门提出设立外商投资企业的申请。国务院商务主管部门应当依照有关法律、法规的规定，作出批准或者不予批准的决定。予以批准的，颁发外商投资企业批准证书，并通知申请人向国务院旅游行政主管部门领取旅行社业务经营许可证，申请人持旅行社业务经营许可证和外商投资企业批准证书向工商行政管理部门办理设立登记；不予批准的，书面通知申请人并说明理由。

外商投资旅行社不得经营中国内地居民出国旅游业务以及赴香港特别行政区、澳门特别行政区和台湾地区旅游的业务，但是国务院决定或者我国签署的自由贸易协定和内地与香港、澳门关于建立更紧密经贸关系的安排另有规定的除外。

第三节　旅行社的组织结构设计与组织管理

一、旅行社组织结构设计的原则

旅行社组织结构的设计应遵循以下原则。

（一）分工协作原则

旅行社要从自己的实际情况（规模、业务等）出发，合理进行专业分工。一般来说，分工不宜太精细,也不宜太粗糙,应以实际工作需要和责任分明并有利相互协作为标准。打个比方:把“对人的分工”中的“人”和“分”合为一字“份”,“份内”的事必须独立承担完成;“有份”的事应该相互协作完成;“份外”的事,只能提倡自觉自愿完成。

(二)责权利相当原则

旅行社各岗位人员根据其职务责任要求,应授予相应的职务权力,给予相应的利益回报。如果责权利之间不相称,则会影响个人的积极性和组织管理的效果。

(三)统一指挥原则

亦称等级链原则。即不能多头指挥。

(四)管理幅度原则

管理幅度,亦称管理宽度、管理跨度、控制广度,指一名管理者能够直接有效地指挥下属的人数。公认的最佳管理幅度是:上层的管理幅度为3—8人;基层的为8—12人或略多。当然,这只是参考数字,具体还要看管理者的能力和下属的成熟程度。但当幅度上限超过16人时,就应分出一个基层管理小单位。

管理幅度还是管理层次划分的依据。管理层次少,称之为扁平型组织结构;管理层次多,称之为高耸形(塔形、锥形)组织结构。

除上述原则外,还有一些诸如精简原则、弹性原则、有效控制原则等。

二、旅行社组织结构模式

(一)直线制

这是一种最简单的垂直式组织模式,俗称“一竿子插到底”的直线式,是小型旅行社普遍采用的模式。如图2-3-1所示:

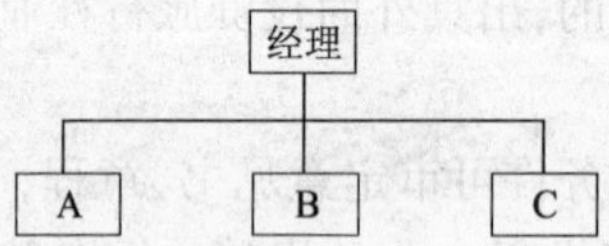

图2-3-1 直线制组织结构示意图

直线制组织结构的优点:

(1)结构简单。因人员较少,故岗位只能大致分工,但兼岗比较普遍。如导游不上团时去搞外联,财务人员兼门市咨询和销售。

(2)社务办公和营业门市多在一处,处理问题方便。

(3)面对面指挥,信息传递及时、准确,工作纪律容易维持。

(4)精干高效,管理费用低。

直线制组织结构的缺陷:

(1)这种模式要求管理者必须是全能型的,一旦做不到,那么管理就会简单、粗放,甚至决策失误。

(2)这种模式基本上靠人管人,一旦管理者有事不在岗,员工就会出现消极、散漫和无所事事现象。

(3)这种模式多为家庭或少数合伙人投资经营,带有明显的家族管理色彩。

(二)职能制

职能制亦称网络交叉式管理模式。它是按照导向分工的原则以职能部门的专业管理者代替直线制的全能管理者,由各职能部门的管理者在各自负责的业务范围内向所有部门的下属下达相关指令或命令。如图2-3-2所示:

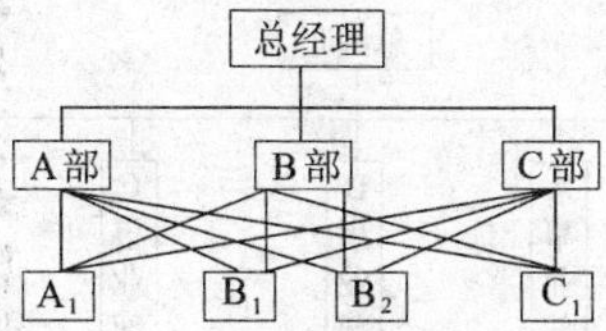

图2-3-2 职能制组织结构示意图

职能制组织结构的优点是有利于发挥职能管理者的专业才能,弥补全面管理者的不足。其缺点是容易形成多头指挥,"上面几条线,下面一根针",让下级人员有时感到无所适从。

(三)直线职能制

直线职能制亦称业务区域制,它是以直线制为基础,吸收职能制的某些优点而综合成的一种组织结构。

我国有些中小型旅行社实行这种模式,它的特征是把旅行社的内设机构分为两类:

第一类称业务经营部门,亦称对客服务部门、一线部门,如营销部、接待部。业务部门根据业务分工又可划分为若干作业组织,如营销部下设市场部、外联部、采购部、门市部等;接待部下设计调部、导游部、综合部等。业务部门按等级链原则实行直线指挥,以保证业务工作效率。

第二类称职能管理部门,亦称间接对客服务部门、二线部门,如行政办公室、人事部、财务部、质量监督部等。职能部门是按专业化分工建立的,主要为决策者当好参谋,同时监督、协助业务部门的经营活动。除总经理特别授权外,职能部门不能向业务部门下达指令和命令。如图2-3-3所示:

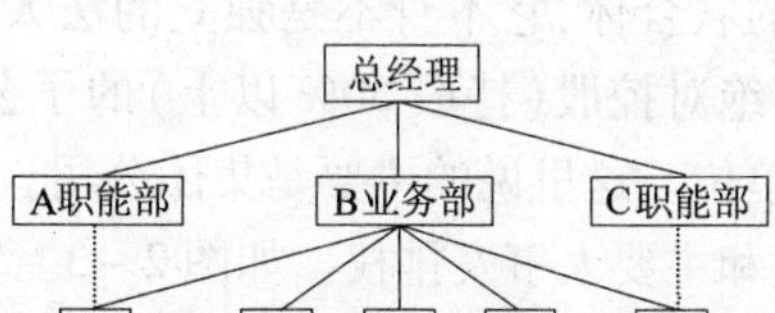

图2-3-3 直线职能制组织结构示意图

直线职能制组织结构模式的优点是既有利于保证集中统一指挥,又能发挥各职能部门的专业管理特长。其缺点是两类部门之间容易产生不协调或冲突,总经理要经常协调冲突,会牵扯很多精力,往往多配副总经理或总监协助分管,但又会形成权力分割,而且影响部门管理者的积极性。

(四)事业部制

事业部制是实行集中决策下的一种分散经营、分权式组织结构模式,被视为20世纪80年代组织结构的主要变革。我国很多大型旅行社已采用这种组织模式。

事业部制将旅行社划分成与各个细分市场有关的多个事业领域或部门，如出境部、入境部、国内部、欧美部、日本部、散客部等。旅行社通常授予各部门独立核算、半独立经营的权力；各事业部门都有自己的外联销售、计调、接待部门，开展“一条龙”服务业务，有点像“社中社”。如图2-3-4所示：

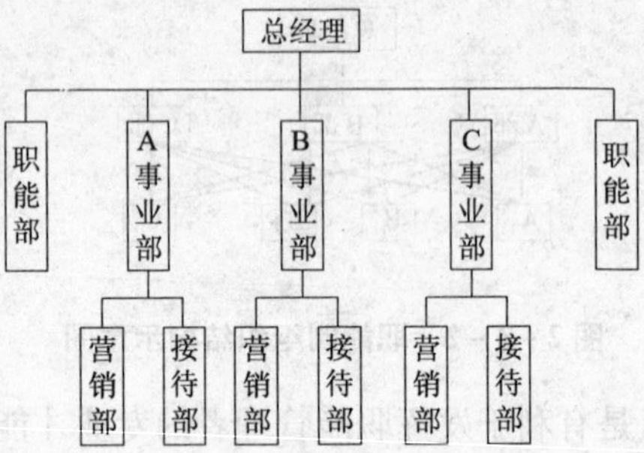

图2-3-4　事业部制组织结构示意图

事业部制组织结构的优点：

(1)旅行社高层管理者从日常具体事务中摆脱出来，可以集中精力抓大事。

(2)事业部拥有相对独立的自主权，更激发了部内管理者和员工的积极性。

(3)有益于锻炼、培养和考核各级管理人员。

事业部制组织结构的缺点：

(1)协调各事业部之间的难度加大。

(2)容易产生本位主义和旅行社内部消耗。

(3)增加了管理人员，加大了管理费用。

(五)集团制

集团制包括企业集团和集团公司两个密切联系但不等同的概念。企业集团是由集团公司为核心的多法人单位组成的联合体，它本身不是独立的法人单位；集团公司(母公司)本身是独立的法人单位，并拥有绝对控股(持股50%以上)的子公司(亦是独立法人单位)和相对控股与一般参股的成员单位。这里说的主要是集团公司。集团公司对绝对控股子公司拥有发展决策权、资金分配权和主要人事安排权。如图2-3-5所示：

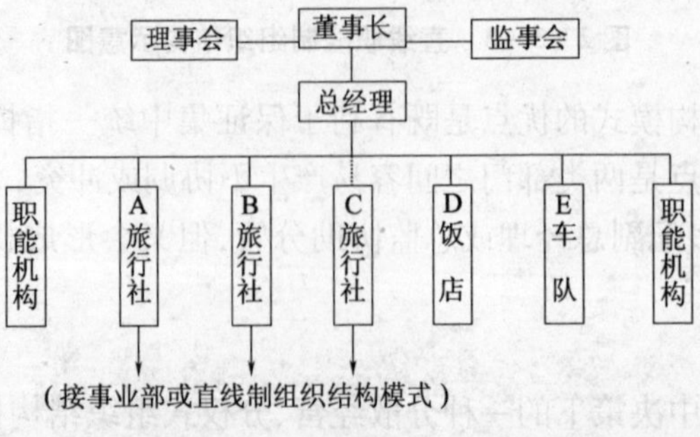

图2-3-5　集团制组织结构示意图

集团制组织结构模式的优点：

(1)有利于成员企业间的优势互补。

(2)有利于资产重组和资金的有效利用。

(3)有利于分工和形成规模效应等。

集团制组织结构模式的缺点：

(1)在市场机制不完善的情况下，形成集团的过程容易受人为意见(特别是政府的"拉郎配")的影响。

(2)集团若资金不足，大多向银行抵押母公司借贷而向新成员投资控股，这就加大了自身的抵押风险。

(3)集团规模大，成员单位多，集团的控制、协调难度加大，管理成本较高。

除上述几种模式外，国外超特大型跨国经营的旅行社集团多采用立体多维组织结构模式。还有些实行矩阵制组织结构模式。另外一种以网络技术为主的新兴旅行社，如美国RT旅行社则采用虚拟组织结构模式，即只有一个很精干的中心机构(经理小组)，其他都是契约关系的关联单位成员，通过网上进行中介交易。

三、我国旅行社的组织管理

组织的部门化是将为实现组织目标而要求完成的各项工作任务进行划分并分配给组织各成员承担的过程。因为组织的各项工作任务不是一个人能够完成的，必然要求分配给组织各成员承担，但是各成员分别承担的任务最后组合起来必须能够实现组织的目标。将组织因分化而形成的各项任务组合在一起的过程称为整合。旅行社组织管理的主要任务就是借助职权关系和纵向横向的沟通，把各部门联系在一起，也就是整合各部门的工作，确保组织目标的实现。

目前我国旅行社行业较为流行的组织管理模式主要包括以下两种：

(一)经济责任制

经济责任制是以旅行社的经济指标为特征的，包括责任、考核和奖惩"三位一体"的经营管理制度。

经济责任制对国家负责指的是缴纳税金，对产权所有者负责指的是上缴分成部分的利润，对员工来说是按责权利相等原则，把经济责任加以分解，层层落实直至个人，实行"确定数量、保证上缴、超收多留、歉收自补"的经济政策。

(二)岗位责任制

岗位责任制是旅行社在组织管理中按照工作岗位所规定的岗位职责、任务要求、权限规定等确定的管理制度。

岗位责任制是一个上自总经理，下至作业职工都实行的完整体系。

岗位责任制一般应包括如下内容：

(1)岗位名称，标明上下级关系。

(2)岗位职责，标明任务和关联范围。

(3)岗位工作量(时间和数量)。

(4)岗位工作(服务)质量标准。

(5)岗位制度(工作程序、交接等)。

(6)岗位具体要求(如安全、设备使用、保养等)。

(7)岗位权限。

(8)其他。

旅行社的岗位责任制的建立和健全要从各自的实际出发,采用上下结合的方法制定,力求简明扼要、准确易懂,便于执行和考核。

本章小结

本章介绍了有关旅行社设立的基本知识。要想设立一家旅行社,首先必须了解设立旅行社的一般条件、影响旅行社设立的主要因素,以及设立旅行社可以采取哪些形式,这是本章第一节的内容。在了解了这些基本知识之后,就需要懂得申请设立旅行社的相关程序性问题,即需要了解本章第二节的内容。在具备了相关的条件,并且通过了相关的审批之后,要想成立一家旅行社,首要的问题就是要解决旅行社的组织机构设计的问题,因为旅行社的组织机构是旅行社的实体,是旅行社管理得以实现的物质载体,这是本章第三节的内容。

思考与练习

1. 组建旅行社有几种形式可以选择?
2. 在我国,哪些旅行社可以设立分支机构?我国对旅行社设立分支机构有什么限制?
3. 旅行社组织机构设计应遵循的原则是什么?
4. 假如你要投资成立一家旅行社,你应当从哪些方面去准备。

第3章 旅行社营销管理知识

学习重点

- 旅行社营销管理概论
- 旅行社产品特点
- 旅行社采购的内容及采购管理
- 旅行社销售渠道的选择

第一节 旅行社营销管理的概念

一、旅行社营销管理的定义

旅行社市场营销管理的定义是:旅行社在各自的经营范围内,通过对旅游市场的调查细分和定位,对相关产品(含服务)进行设计、组合、定价、促销和销售,与相关营销者和游客建立、保持和发展互惠互利的交换关系从而实现经营目标的全过程管理活动。

二、旅行社市场营销管理的过程与任务

(一)发现、分析、把握市场机会

(1)从理论上来说,有市场就有机会,只要市场上有未被满足或未被充分满足的需求,那就是市场机会。

(2)市场机会对同一市场上的竞争者都是一视同仁的,那就要看谁能善于寻找和发现这些机会,正所谓"捷足者先登"。

(3)有很多机会并不难发现,难在如何去分析它,因为机会往往与风险、挑战并存,而不少人在机会面前都持观望犹豫态度。

(4)难得的机会往往稍纵即逝,这就看谁能及时、牢牢抓住机会。

(二)选择目标市场

(1)任何一个旅行社都不可能面向整体的游客市场泛经营,而应重点面向有某种或某些需求的特定群体,这就是对旅游市场进行细分,只要这种细分具有可衡量性,具有适度规模和发展潜力,那么,这个或这些特定群体就是旅行社的细分市场。

(2)进行市场细分可以使旅行社根据细分市场的需求偏好和自身条件扬长避短,发挥优势而锁定细分市场中一个或几个子市场作为目标市场,这种目标市场选择实际上也就是选择了目标竞争者,也就是为自己进行了市场定位。

(3)市场定位往往会涉及竞争对手的对抗,这就需要旅行社的经营管理决策者从实际出发,采取相应的对策,如避开另择、部分避开、靠近竞争、争取联手等。

(三)提供适销对路的产品

(1)旅行社的目标市场确定后,就要根据目标市场的需求和旅行社可控资源的情况进

行产品的设计和开发。

(2)根据产品设计和开发步骤,进行相应的市场采购。

(3)根据供求关系和成本核算,初步确定产品的价格。

(4)在正式投放市场前,先进行试产试销。

(5)为了扩大宣传,造成声势,进行一定规模的市场促销。

(四)切实做好产品的销售工作

(1)确定产品销售的方式和渠道。

(2)重视门市网点的增设和管理。

(3)提高业务洽谈和报价的水平。

此外,还要密切营销与接待的衔接工作,切莫忽视售后服务工作。

三、旅行社市场营销活动的有效管理

(1)必须编制出可供操作的营销计划,明确市场营销的战略和策略以及所授权限的幅度。

(2)必须建立高效的营销机构,配备得力的营销人员。

(3)必须建立一个营销控制系统,以便及时发现营销过程中出现的问题并进行反馈调整。

第二节　旅行社产品的设计

一、旅行社产品的定义

对旅行社产品有着不同的理解和表述:

从经营者的角度可定义为:旅行社为满足旅游者在旅游活动过程中的需要而凭借相关的旅游吸引物和旅游设施向旅游者提供的各种有偿服务。

从旅游者的角度可定义为:旅游者花费一定的金钱、时间和精力向旅行社购买的一种旅游经历和感受。

二、旅行社产品的特点

旅行社产品属高接触性的服务形态产品,它具有如下特点:

(一)综合性

旅行社产品是满足旅游者旅游活动过程中食、住、行、游、购、娱诸方面需要的综合性产品,涉及社会方方面面的部门和因素。

(二)脆弱性

旅行社产品很容易受到各种不可控因素的影响,其直接原因正是旅行社产品的综合性,另外也有旅游者方面的变故和旅行社内部的变故等原因。

(三)无形性

旅行社产品不像有形的产品那样可以感知,而是在消费前不可感知,甚至消费过程中都很难完全感知,一般要在实际消费后才能真正感知并作出评价。

(四)非专利性

旅游产品尽管在设计、组合、销售、消费过程中凝聚了旅行社的心血,但这种产品因不涉及消费者实质性的拥有权(只有使用权),也不能限制其他有经营资格的旅行社向消费者出售相同或相似产品的使用权。因此,旅行社的产品可以形成品牌,但不能获得垄断性的专利权。这就是很多旅行社不愿投入设计新产品的主要原因。

三、旅行社产品的形态

旅行社产品的形态基本上或主要是服务,服务按不同的划分标准又分为不同的形态或形式,比较常用的形态划分有:

(一)按产品内容划分

1. 综合服务

综合服务亦称全程服务或"一条龙"服务,指旅行社为旅游者旅游活动全过程中所需的主要项目提供的综合性服务。这种服务由旅行社派出导游人员陪同,采用综合收费的方式,多由团队或散客中愿用这种形式的游客购买。

2. 单项服务

单项服务指旅行社根据旅游者的某项或几项具体要求而提供的非综合性服务,如导游服务、接送站服务、预订客房及票证服务、代办签证和保险等服务。这种服务采用单项收费,多由散客或团队中只需这种服务的游客购买。

(二)按游客组织形式划分

1. 团队服务

团队指购买旅行社产品的旅游者人数在10人或以上而组成的一个旅游活动团体。旅游团队有些是在购买旅行社产品之前就组织好了的(如单位组织、发起人组织、旅游批发商组织);有些是旅行社通过自己招徕游客而在一定时间内临时组织起来的。

2. 散客服务

散客指购买旅行社产品的旅游者人数不足10人的零散顾客。散客服务有可能是综合服务,但多数为单项服务。散客中有些是亲朋好友组成的不足9人且不能享受团队优惠但愿意购买综合服务的旅游者,旅行社在内部运作上也可视为小型团队。

(三)按活动线路划分

线路指旅行社根据旅游者旅游活动的时间、空间、内容等需求而提供的相对固定的行程安排。线路有明显的时间限定性,空间指向性和内容明确性等特点。线路据此有长有短,如本地游、国内游、边界游、出境游等。

(四)按包价程度划分

包价是指旅行社依据同旅游者达成的交换协议或合同,在旅游活动开始前向旅游者收取相应费用并逐步兑现协议或合同的服务形式。按包价程度可分为:

1. 全包价服务

它包括10人及以上的团体全包价和不足10人但愿意用这种形式购买服务的散客全包价,只不过后者很难享受到团体全包价的收费优惠。

全包价的优点是:对旅客来说比较安全、方便、省心、省力,也能省钱;对旅行社来说也便于操作,降低成本,增加收入。

全包价的缺点是:对游客来说签了约交了钱之后,可以享受到程式化、标准化的服务,但个性化服务往往受到制约;对旅行社来说直观价格较高,不利于招徕客人,另外,收费后至消费时的期间内变化较多。

2. 半包价服务

半包价指在全包价中明确不含中、晚餐费用。

3. 小包价服务

小包价服务是指选择性服务中的非选择性部分，即旅游者只先付长途往返交通、住宿饭店(含早餐)及车站(或机场、码头)至饭店间接、送费用，其他均为可选择部分。

4. 零包价服务

零包价服务是一些国家的旅行社推出的一种独特产品。旅游者必须按照旅行社的要求以团队的形式前往和离开旅游目的地。到达目的地后，游客可以自由活动。游客不用向旅行社交付服务费用，但可享受到比纯自费优惠得多的团队付费待遇，而旅行社则可因此获得航空公司或相关经营单位的佣金回报。

需要说明的是，我国有极个别旅行社(可能根本就不是真正的旅行社)打出零团费、负团费("倒贴"往返交通费)的幌子招徕游客成团前往某个目的地，与当地的不法经营单位相勾结，用"宰客"的方式获取高额"回扣"，这是一种违法违规的欺诈行为，是国家有关部门严令禁止和严肃查处的，与此处所说的零包价服务不能混为一谈。

四、旅行社产品的设计类型

(一)全新型产品

全新型产品是指旅行社根据旅游者的需求和市场预测所设计出的前所未有的新型旅游线路。开发新型产品要有一定的实力和魄力，因为机遇和风险并存。但只要看得准，往往会在短期内取得独占该产品市场的优势并取得较丰厚的回报，等别人很快效仿并经营这种产品时，自己要么继续巩固并扩大已着先机的优势，要么及早设计、推出新的替代产品。

(二)改良型产品

改良型产品是指旅行社对自己或他人现有的产品进行部分调整或改造，重新包装后冠以新名称重新投入市场的产品。改良型产品既保持了原产品的优点，又弥补了原产品的不足，降低了开发费用，风险性也较小，但盈利不及成功设计出的全新型产品那样丰厚。

(三)仿制型产品

仿制型产品是指旅行社直接采用其他旅行社推出的比较成功的旅游线路。因不需要投入开发或改良成本，能以略低于他人的价位去竞争。这是很多中小型旅行社惯用的"进入"方法，严格地说，谈不上产品设计，只能是一种"跟进"经营决策。因这种产品缺乏各自旅行社的特色，加之以相互压价来竞争，往往只能薄利、微利或保本甚至亏本经营。

五、旅行社产品的设计原则

(一)市场导向原则

(1)重点参照本旅行社确定的目标市场的需求。

(2)重视与本旅行社合作的批发商、零售商和其他中间商的要求。

(3)适应市场需求变化，适当超前引导消费，这也是市场原则的实际运用。

(二)综合效益原则

(1)通过设计、开发、经营旅行社产品而获得较高的经济效益，要求旅行社从产品设计时就要加强成本控制，降低各种消耗，同时要注意产品的开发能力与经营中本社的接待能力间的均衡，避免因接待能力闲置或严重不足而造成的损失。

(2)旅行社产品设计、开发及经营过程中，一定要注意经济效益与社会效益和生态效益的协调发展，绝不能忽视后两者，更不能以社会效益和生态效益为代价来换取经济效益。

(三)确有保障原则

(1)安全确有保障。即使是一些富有冒险精神的产品项目,也要确保游客的生命安全。

(2)服务设施确有保障。如交通的可进出性,住宿、饮食的保证等。

(3)确保履约。旅行社对所设计、提供的产品一般应确保完全履约,意外情况发生时,应有合理对策。

(四)安排合理原则

(1)线路中的交通工具安排合理。交通工具的选择应以快捷、舒适、安全、方便、节约、衔接合理为标准。

(2)线路中的活动项目安排合理。旅游活动全过程中的食、住、行、游、购、娱等项目要合理组合。

(3)线路中活动与休息的时间安排合理。旅游期间要根据不同对象的需求,合理安排动与静、张与弛的时间度。

(4)线路中参观游览点的安排合理。一是择点要适量;二是重点要突出;三是点距要适中;四是点序要科学。

六、旅行社产品的定价

旅行社产品设计及开发的一项重要内容是制定产品的价格。

旅行社产品价格是指旅游者向旅行社购买所需服务而付出费用的总和。旅行社产品价格制定的恰当与否,直接影响着旅游者的购买行为和旅行社的经营收入与利润。因此,旅行社在设计产品时必须相应地制定产品的价格。

(一)制定产品价格的依据

旅行社制定产品价格的依据有产品成本、目标利润,供求状况、市场行情、汇率变化等,其中最主要的依据是产品成本。产品成本包括固定成本、变动成本和投资成本回报(利润),这是制定旅行社产品价格必须依据的首要因素。

1.产品的固定成本

固定成本是指不随着旅行社产品销量的变化而变动的产品成本。旅行社产品的固定成本包括固定资产折旧,借、贷、租金偿付,办公及营销费用,员工工资等。固定成本分摊到每一个产品中的份额同产品的销售量成反比关系,即产品销量越大、分摊到每个产品中的固定成本份额就越小。

2.产品的变动成本

变动成本是指随着旅行社产品销量的变化而成正比关系变化的成本,即产品销量越大,变动成本就越大;产品销售停止,变动成本也随之不再发生。旅行社产品中的变动成本由旅游者购买这种产品的费用构成,其中包括了导游人员陪同客人时的交通、住宿、通信等费用及旅行社的营业税金等。

3.投资成本回报(利润)

产品的利润是指旅行社产品销售后的收入减去固定成本和变动成本后的余额,是旅行社经营的财务成果和对旅行社投资成本的回报。

(二)制定产品价格的原则

旅行社产品价格的制定属于旅行社自主决策的范围。国家已不再实行亲自定价或审批定价,但仍对价格垄断、价格欺诈和价格恶意竞争行为实行监控。旅行社在给自己产品定价时，应考虑各种综合因素，并遵循如下原则：

1. 供求关系原则

旅行社产品的价格也无法违背市场供求法则，即供大于求时价格会下降，求大于供时价格会上升。

2. 按质论价原则

旅行社产品应该按照质价相符、优质优价的原则逐渐形成品牌信誉。有些旅行社的产品价格一直高于其他旅行社的同样产品，并作为一种价格优势去宣传，反而能在消费心理成熟的游客中产生信赖感。

3. 稳定性与灵活性相结合的原则

旅行社产品价格变化不宜太频繁，否则会引起旅游者的心理过分波动，从而影响到他们的实际购买行动。同时，旅行社产品的价格也不能一成不变，要随着市场的变化和淡、旺季变化等随行就市，进行必要的调整。

4. 保本求利的原则

旅行社经营的主要目的是获利，因此，产品价格的制定要在保证收回成本的前提下，实现一定的利润。利润的期望值有长期和短期、丰厚和微薄等区别。

(三) 产品定价的方法

旅行社产品定价的方法有多种，比较常用的有：

(1) 成本加成定价法，计算公式为：

$$单位产品价格 = 单位产品成本 \times (1 + 成本加成率)$$

(2) 目标利润定价法，计算公式为：

$$单位产品价格 = \frac{固定成本}{预测销量} + 单位产品变动成本 + \frac{目标利润总额}{预测销量}$$

(3) 变动成本定价法，计算公式为：

$$单位产品价格 = 单位产品变动成本 + 固定成本的边际贡献$$

第三节 旅行社产品组合的采购管理

一、旅行社产品组合采购的概念

旅行社的产品，是指旅行社为满足旅游者活动过程中的需要而提供的各种有偿服务。这种产品除单项服务外，基本上是综合性服务。各单项服务和综合性服务涉及了食、住、行、游、购、娱等经营单位提供的服务，只不过是由旅行社按线路形式把它们组合在一起提供给旅游者，这样就必然涉及旅行社在组合产品时的采购业务。

旅行社产品组合的采购，亦称旅游服务采购（以下简称“采购”），是指旅行社为了向旅游者提供组合服务产品，而向相关经营单位购买产品组合成分（相关服务项目）的市场行为。

旅行社向有关经营单位购买的产品，主要指某种设施设备和服务在特定时间内的使用权。

二、旅行社采购的任务

(一) 保证组合产品的供应

旅行社采购工作的首要任务，就是保证在任何情况下（特别是在旅游旺季）都能按合同规定提供旅游者所需的各种服务。

(二)尽量降低直接成本

采购价格是决定直接成本高低的关键。在旅行社行业价格战激烈的情况下,谁的采购工作得力(量足、质优、价廉),那谁就有了同样产品的价格优势。

(三)建立起良好的协作网络

协作网络的建立也是旅行社采购的基础工作和基本任务。通过建立起的网络并形成良好的协作关系,不仅可以采购到数量、质量和价格都比较满意的组合产品,还能逐步形成以契约为纽带的企业集团关联层的密切关系。

三、旅行社采购的项目内容

(一)交通

(1)航空。包括定期航班、加班航班和旅游包机;舱位有头等和普通之分。

(2)铁路。包括普客、普快、直快、特快、特快直达和旅游列车等类型;座位有硬座、软座、硬卧、软卧和豪华包间软卧的区别。

(3)公路。主要指高等级公路上的汽车运输,多以豪华旅游车为主。

(4)水运。包括内河(湖)航运、沿海航运和远洋航运,有普通客轮、豪华客轮以及气垫船等,舱位有头等舱,一、二、三、四等舱和统舱等。

(二)住宿

住宿主要指各类型的旅游饭店以及其他类型的宾馆、旅馆、招待所等下榻之所。我国的旅游饭店实行星级评定制度,按综合指标由高至低依次为五星级(包含白金五星)、四星级、三星级、二星级和一星级。

(三)餐饮

餐饮主要指下榻饭店以外的社会餐馆(酒家、饭庄等)。我国对餐馆实行等级评定制度,按综合指标由高至低依次为特级、一级、二级、三级和地方级。

(四)游览

游览主要指那些收费开放的参观单位和景区景点。我国对旅游区(点)实行质量等级评定制度,分为世界级、国家级、省级、市级四个等级,每级以A表示。

(五)娱乐

娱乐主要指游览项目以外的文化娱乐活动,多属于旅游者的自选项目。但旅行社为了保证游客的安全、健康和有品位的文化享受,往往与提供娱乐服务的单位建立业务合作关系,作为向游客推荐的自选项目。

(六)购物

购物主要指旅行社安排的供旅游者自主选择的购物活动。为了方便游客,节省时间,避免游客受欺骗,旅行社往往与旅游目的地的有关商店建立较为稳定的业务关系。

(七)保险

保险主要指国家规定的旅行社投保责任险种以及建议旅游者自愿投保的有关险种。这样,旅行社就要选择合适的保险公司并与之建立合作关系。

(八)对口接待

对口接待主要指组团旅行社需要各地的接团旅行社提供的接待服务。由于接团社对当地情况比较熟悉,对组团社的要求落实起来比较顺利,而且万一遇到什么麻烦,协调起来也比较容易。

四、旅行社采购业务管理

采购是旅行社营销活动中的一项重要业务，采购业务的水平将直接影响到旅行社的信誉和效益。因此，旅行社的管理者应当充分重视采购业务的管理。

（一）重视采购人员的配备与考核

1. 采购人员的配备要考虑综合素质与特长

（1）对旅行社忠诚，作风正派廉洁，绝不利用职务之便谋求私利。

（2）有较强的业务知识能力，对各服务供应单位的业务规程和优惠政策非常熟悉并能充分利用。

（3）有较强的公关工作能力，能与各服务供应单位的有关人员很快建立并持久保持良好的协作关系。

2. 加强对采购人员的绩效考核

（1）对采购人员的工作业绩要按相关规定给予奖励。

（2）对采购人员工作中遇到的实际困难和问题要及时帮助解决。

（3）对采购人员工作中偶然出现的一般失误或过错，既要批评教育，也要给他们改正的机会。

（4）对采购人员以权谋私，损害旅行社利益的行为，在调查核实后要果断处理，不能姑息迁就。

（二）提高所制定的采购计划的科学性

1. 预订采购的时间

采购人员应预见到供求关系的变化规律，掌握预订和退订的时间提前度。

2. 预订采购的数量

数量的多少是能否保证旅行社供给的关键和直接影响采购价格的重要因素，数量确定后还须决定是集中采购还是分散采购。

3. 预订采购的质量

质量是旅行社产品的核心和旅行社的生命，质量要与旅行社所设计的产品要求相一致。质量与价格只要相符，就不要只图便宜而不顾质量。

4. 预订采购的价格

价格是吸引游客和同行竞争的法宝之一，价格受供求关系及采购的数量、质量、预订提前时间等制约，也与旅行社设定的利润指标有关。要从实际出发，合理授权采购人员视情况掌握采购价格的弹性幅度。

（三）认真选择采购的协作单位

旅行社要通过各种渠道和方法弄清供方市场的情况，从中慎重选择一些与自己产品内容要求相符的供应单位，建立起友好协作的网络关系，以达到互惠互利、共同发展的双赢或多赢目的。

旅行社在选择采购的协作单位时，应注意以下几点：

1. 经营资格

协作单位应具有独立的法人资格，经营证照齐全，经营范围明确，最好有相应的资质和资历，不过新成立的单位在创业初期一般都比较兢兢业业，也应考虑。

2. 信誉程度

主要了解其以往守法经营，诚信待客情况；新单位主要看其规章制度和人员工作认真程度。

3. 供应能力

包括供应的数量、质量及如期履约等能力。

4. 合作态度

看是否有合作的愿望与诚意。由于购方情况不同，供方开始的态度可能会较冷淡，或较热情，这都要认真分析对待。

5. 优惠程度

主要看供方的价格是否合理，在按质论价、优质优价的前提下给予的优惠幅度如何。

(四)加强对采购合同的管理

采购合同是指供求双方为了一定的经济目的而明确相互权利、义务关系的具有法律效力的文字协议。旅行社与协作单位签订的采购合同是一种预约性的批发交易协议，具有分期、分批兑现的特点。

签订合同是市场经济成熟的标志之一，是双方当事人为避免和正确处理可能发生的纠纷而采取的市场规范化运作行为。因此，旅行社在采购管理中一定要加强法律意识，签订并遵守公平合理的协作合同。

旅行社的采购合同主要包括合同标的、数量及质量、价格及付款方式、合同期限、违约责任等。

1. 合同标的

亦称合同客体，是指旅行社所购买和协作单位所出售的同一产品（服务），如客房、餐饮、交通服务等。

2. 数量及质量

预订的数量与预订时间、供求规律及供方规定的预订程序有关。一般来说，双方对较长期（如年度、季度）供求数量商定一个大致幅度数，短期（月度或以内）必须商定一个比较确切的量数。

预订的质量有些在数量中已体现，如火车软卧票、五星级标间等，有些则需要在数量外大致明确一个最低标准，如包餐中8菜1汤须明确2全荤、3花荤、3蔬菜等。

3. 价格及付款方式

双方对价格都比较敏感，一般不会订得太死，多采用按采购数量、兑现时间等变量定价的方法，如市场指导价（主要是交通费、景区景点门票）基础上的优惠幅度、供方确需变动零售价时应提前通知购方的时间幅度等。

付款方式一般指交易所用的货币种类（人民币或硬通外币）、结算时间、结算方式（多用转账式）等。

4. 合同期限

指签约后生效至终止的交易行为时间，一般采用一年为限或按旅游淡季、旺季时间为起止。也有些情况，如双方初次合作，可试探性地订短期或专项合同；双方多年合作也可延长些（超过一年，或注明未经双方协商中止则协议长期有效）。

5. 违约责任

指当事人一方或双方不履行或不完全履行合同时应负的法律责任。违约责任如不能协商解决,则提请仲裁或审判机关认定,由违约方承担违约金和赔偿金。

【典型案例】

旅行社产品的开发与采购

2001 年初,天津观光旅行社周凯总经理在作市场分析时,发现了"革命传统教育游"产品的空白和商机。他亲自到河北省平山县西柏坡村去实地考察,了解当地参观游览内容、道路状况、接待设施、当地导游水平等,并与当地乡、村干部和群众座谈,掌握了交通、住宿、餐饮、景点的供应情况(包括价格),并决定包租当地旅馆、招待所的所有客房(签了一年合同)。

同年 4 月,新产品开发后,周总没有马上进行促销,而是先小范围试销。到 6 月,一些旅行社开始推出同类产品。周总认为时机成熟,决定大规模地进行宣传促销。由于观光旅行社掌握了房源,所以其价格等方面具有很大优势,吸引了大量旅游者。而那些没有房源的旅行社,只能把客人安排在县城甚至石家庄住宿,这样既增加了交通、住宿费用,又减少了在西柏坡的参观时间,引起了游客的不满。

观光旅行社利用房源优势吸引了更多的旅游者,有时还在其包租的旅馆和招待所出现空闲客房时,将其转租给其他旅行社,从而增加了收入。这一年,观光旅行社通过开发西柏坡"革命传统游"新产品和包租当地全部客房,取得了良好的社会效益和丰厚的经济效益。成为旅行社成功经营的一个典型范例。(转引自梁智著《旅行社经营管理》,旅游教育出版社)

第四节 旅行社的销售渠道

一、旅行社销售渠道的概念

(一)旅行社销售渠道的含义

旅行社销售渠道是指旅行社将其生产的产品提供给最终消费者(旅游者)的途径,也称分销渠道、分配渠道、配销渠道、销售分配系统等。

(二)旅行社销售渠道的类别

1. 直接销售渠道和间接销售渠道

直接销售渠道是指旅行社(含自己的分支机构)直接将产品销售给最终消费者(游客),没有其他中间商介入。

间接销售渠道是指旅行社通过中间商将产品销售给游客,中间商可以是一个,也可以是多个。

中间商是指介于旅行社和旅游者之间促进实现产品交换的单位或个人,依据中间商对产品是否拥有所有权可分为转卖商和代理商,依据中间商在流通过程中所发挥的作用可分为批发商和零售商。

2. 层次渠道

层次渠道是一种渠道的纵向划分:

(1)零层渠道:直接销售渠道,亦称无环节销售渠道。

(2)一层渠道:间接销售渠道中只有一个中间商,亦称单环节销售渠道。

(3)二层渠道:间接销售渠道中有两个中间商,亦称双环节销售渠道。

(4)多层渠道:间接销售渠道中有3个或更多的中间商,亦称多环节销售渠道。

3. 长短渠道

长短渠道是一种渠道的横向划分:

(1)短渠道:直销和零层渠道(最多包括一层渠道)。

(2)长渠道:间接销售渠道和一层及多层渠道。

4. 宽窄渠道

指旅行社在选择间接销售渠道时,对同一地区同一层次同种类型的中间商同时采用的情况。其中只选择一家的为专营性窄渠道;选择两家或更多家的为广泛性宽渠道。也有的将选择少数几家的称为选择性较宽销售渠道;把所有可能帮助销售的中间商列入考虑的称广泛性最宽销售渠道。

(三)旅行社不同销售渠道的利弊

旅行社不同销售渠道都各有利弊,而且这种利弊程度随着每个旅行社的具体情况和市场变化情况又各有不同。

1. 直接销售的利弊

优点:向顾客介绍产品或接受咨询时比较详细、准确,与顾客交易时手续简便,直接听取顾客意见或按顾客要求改进产品,新产品能以最快速度推出并占领市场,在向顾客出售某种产品时还可附加推荐其他产品,省掉中间环节的费用,便于管理中的指挥和控制等。

不足:设置较多的直销网点需较大投入,势必增加产品的固定成本;即便如此,产品销售的覆盖面仍有限;旅行社销售网点以外的客源市场无法获取。

2. 间接销售的利弊

优点:中间商是一个现成的网络实体,一般不需固定资产投入;中间商对当地情况熟悉,能够影响潜在游客的购买行为;中间商销售中有较强的针对性并要求旅行社开发或改进适销对路的产品;中间商有较强的招徕能力,能扩大产品的销量;中间商会承担相应的责任并化解部分风险等。

不足:中间商是以盈利为目的的企业和个人,必须让利给他们,这样旅行社单件产品的利润就要减少;中间商作为销售中的一个或多个环节,也要成本核算,这样旅行社单件产品的成本就要增加,导致产品最终价格的提高;旅行社协调、控制和激励的难度加大等。

3. 宽销售渠道的利弊

优点:网点多、布局广,方便顾客购买;能够集少(散客)成多(团队);形成相互竞争,可从中选择重点合作伙伴。

不足:成本增大、价格增高、管理难度增强,甚至可能出现恶意竞争,把产品乃至提供产品的旅行社的信誉搞坏。

4. 窄销售渠道的利弊

优点:旅行社与单一的中间商联系,可以降低销售成本;中间商在独家代理经营期间不能销售其他同类产品,就必须专心致志地搞好代理销售业务,这就形成了与旅行社休戚与共的利益关系。

不足:如果选择专营中间商不当或该中间商经营不当或双方合作出现危机,则意味着旅行社在一段时间内将失去该地区的市场。

二、旅行社销售渠道的选择

旅行社选择销售渠道的目的是确定自己的产品实现与目标市场交换的最佳途径。如何选择最理想而又最有效的途径，就成为旅行社经营管理者在营销活动中必须重视和决断的大问题。旅行社在确定销售渠道时，应主要依据成本核算与利润总额、渠道长短与地理远近、客源的集中与分散、自身的优势与劣势四个重要因素。

（一）成本核算与利润总额

成本与利润是既有联系又有区别的，二者的关系可能出现四种情况：高成本—高利润；高成本—低利润；低成本—高利润；低成本—低利润。调整二者关系的变数是销售额。因为成本—销售额—利润的预测和计算及实际效果是一个相当复杂的系统工程，应由旅行社的营销专家和财务专家共同运作，或请专门的咨询机构运作后作出判断。总的原则是：判断一种销售渠道是否适当的标准，并非该渠道能否以较低的成本费用带来较高的销售额，而是能否使旅行社取得最大利润。也就是说，旅行社在同一销售时段（不妨放长远些）内，采用哪种渠道所获得的利润额最大，那就是最佳渠道，应该首选。

（二）渠道长短与地理远近

销售渠道长短与地理距离远近是有联系又有区别的。一般情况下，地理距离长就采用长销售渠道；地理距离短就采用短销售渠道。特殊情况下也不尽然，比如说：一种是经营当地游但不配备导游员的小旅行社利用仿制型产品，通过门市部或上门揽客及网上远程揽客的方式，把揽到的客人转“卖”到当地的接待社（在国外有这种情况，我国是严格限制的，只有旅行社揽客后不能成团，在征得客人同意后，才能转给其他旅行社）；另一种是有实力的旅行社通过在远地理距离处设置自己的分支机构或核心层集团成员单位直接揽客，从而把长地理距离变成了短销售距离。从普通情况看，旅行社多按地理距离的远近而顺其自然地采用长短不同的销售渠道，我国目前的旅行社绝大多数采用这种选择。

（三）客源的集中与分散

如果旅行社的目标市场集中在一个不大的区域范围内，那么不管这个市场的地理距离远近，都值得去设置自己的直销机构；反之，如果客源比较分散，即使地理距离不是特别远，还是先采用间接销售渠道为宜。

（四）自身的优势与劣势

旅行社自身的实际情况是选择销售渠道的内在因素，要实事求是地认清自身的优势与劣势。“势”的因素主要有：实力（人、财及产品）、声誉、管理能力（特别是控制能力）等。在选择销售渠道时一定要扬长避短。

三、旅行社销售渠道的决策

旅行社在调查研究和全面分析的前提下，需要及时、准确地对销售渠道的选择及今后的管理作出决策。

（一）确定销售主渠道

旅行社可供选择的销售渠道中究竟哪一种或哪几种适合自己？如果几种都适用，以哪种为主？如果选择直销，是以门市销售为主，还是人员推销为主？如果选择间接销售，是以批发商为主，还是以零售商为主等。

(二)确定销售策略和政策

(1)销售策略主要指渠道宽窄的分销策略。考虑是最大宽度的密集型销售，还是适当宽度的选择型销售，还是最窄的独家销售等策略。另外，还有销售时机策略、价格策略等。

(2)销售政策主要指对销售渠道的条件要求、责任、权利、义务、奖罚等规定。当然，这种政策必须对双方都有利才行，更要注意有利于调动对方积极性。

(三)确定销售渠道的具体单位(或个人)

旅行社管理者按照决策权力规定或授权规定，对营销部门考察、筛选后的所定销售渠道中的具体单位(或个人)作出决定。在征得这些单位(或个人)同意后，签订具有法律效力的合约。这些签约后的单位(或个人)一般简称为"关联成员"。

四、旅行社对销售渠道的管理

择定销售渠道及渠道"成员"固然重要，但对他们进行有效管理更是不可或缺。旅行社对渠道"成员"的日常管理主要包括建档、评估、激励和调整等内容。

(一)建立成员档案

档案一般按"成员"名称建立(成员较多时可细分为地区、类别等)，要尽量收录成员的相关信息，特别是销售业务往来方面的信息，并注意保持相互间的信息沟通。

(二)评估"成员"绩效

旅行社应定期或不定期地通过各种方式方法评估"成员"的销售业绩，业绩一般用各项统计数字反映出来，用排序和百分比例直观显现。

(三)适度激励成员

旅行社把成员超额完成销售额所带来的利润的一部分奖给该"成员"，这是一种能起到鼓励和刺激作用的管理手段。在运用时应适度，激励过度或不足，都很难达到继续努力的目的。激励的方法除奖金外，还可采用优先保证供应、加大优惠幅度等。

(四)适当调整"成员"

旅行社在管理"成员"过程中，由于市场原因或双方各自原因，会出现一些必然的变化。针对这些变化的具体情况，相应作出扩大"成员"、减少"成员"等调整，以保证销售渠道的畅通和高效。

第五节　旅行社产品的促销

一、旅行社产品促销的概念

(一)旅行社产品促销的含义

市场营销学认为，促销是指企业通过向潜在顾客提供信息，以建立、显示企业及其产品的特点和优势，刺激顾客购买的活动。

旅行社的产品促销是指旅行社通过各种方式和渠道向潜在的旅游者和可能合作的中间商宣传自己的产品，引导并促使他们进行购买行为的活动。

(二)旅行社产品促销的方法

旅行社产品促销的主要方法有：广告促销、公关促销、人员推销、奖励促销四种。

二、广告促销

广告是旅行社常用的一种促销手段,它是指旅行社通过非人员的传播方式,将旅行社及其产品信息广泛告知社会的宣传行为。广告的功能是旅行社通过各种媒体传播各种有价值的信息,引起广告受众的注意,使他们产生兴趣、形成印象、激起欲望,从而主动咨询,双方进行双向沟通,旅行社引导购买,再最终促成交易。

旅行社常用的广告形式主要有自办广告、大众传媒广告、网络广告和联合广告等。

(一)自办广告

1. 户外广告牌

除在自有或租用建筑物上设置外,多在交通集散地和人流量较大的公共场所建筑物上设置。广告牌要醒目,图案和文字应简洁、生动、清晰、易懂并保持整洁。

2. 张贴广告

多采用招贴画或海报的形式。除在自己的门市部橱窗内张贴外,还可利用街头公共广告栏张贴。

3. 广告传单

包括单页或折页传单。除在自己的门市部柜台摆放外,还可通过邮政投递发送或派人在街头散发(城管部门禁止的行为不可),也可与相关单位联系后摆放在他们的服务台上。

4. 赠品广告

利用载有旅行社及其产品信息的赠品来进行广告宣传,应视不同的对象而赠送礼物。对前来咨询的顾客可赠送成本很低的贺卡、明信片、手帕、钥匙环、纸扇等,对购买了旅行社产品的旅游者赠送成本略高一些的旅行包、太阳帽、晴雨伞、T恤衫、钱包等。

(二)大众传媒广告

1. 报纸

报纸按文字种类、发行范围、专业程度等标准有多种划分,旅行社要根据自己确定的目标市场有重点地选择,如组团出游以本地报纸为主;在某客源地揽客以当地报纸为主。

2. 杂志

杂志的分类与报纸相似,选择的原则相同。

3. 广播

广播按语言种类和电台播出后的收听距离、收听人数等情况亦有多种划分,但总的来说是一种以地方性市场为主的传播媒介。旅行社应按自己的目标市场选择。

4. 电视

电视是一种视听结合、直观性最强的、影响力颇大的传媒。它是按语言种类、播放覆盖范围和收视人数等划分,费用颇高,旅行社应按自己的实力选择。

以上四种大众传媒各有优点和缺点。

(三)网络广告

网络广告是一种利用微机互联网所做的广告,旅行社可通过建立自己的网站或制作自己的网页等形式,在网络上广泛宣传。

(四)联合广告

联合广告是指旅行社与相关单位为了共同的目的在同一形式的媒体上联袂做的广告,有如下两种方式:

第一种是旅行社之间为了同一促销活动和促销同一产品（线路）而共同出资在大众传媒上所做的联合广告。

第二种是旅行社与组合产品（线路）的供应商如交通、住宿、餐饮、景区（点）等和销售渠道中的中间商（对接旅行社）共同出资在大众传媒上所做的联合广告。

（五）其他形式的广告

除上述四种形式以外，还有一些其他形式的广告，如利用交通工具为载体的流动性广告，利用手机短信息发布的广告等。

三、公关促销

公关促销是指旅行社为了让社会公众了解本企业及产品特点，加强对本企业及产品的信任而通过信息沟通和情感交流所开展的一种促进产品销售的宣传推广活动。

公关促销是营销的一个组成部分，具有促进产品销售的功能，但这种促销不是直接推销产品，更不是直接销售产品。尽管有不少旅行社设立了公关销售部，一个营销员可能兼顾公共关系员、推销员和销售员的工作，但这些工作是有联系也有区别的。

（一）新闻发布

旅行社如有重大活动和新产品推出，常采用召开新闻发布会的形式，邀请以新闻媒体为主的有关单位人员出席。旅行社事先应精心准备有新闻价值的文字和形象资料，确定新闻发言人和回答提问的大致口径。

（二）联谊活动

旅行社常常利用重大传统节日和周年庆等特殊时期，邀请关心、支持、帮助自己工作的有关单位和人员举办一些轻松愉快的联谊活动，以增进相互间的友谊。

（三）专访旅行

旅行社单独或与有关部门、单位联合，邀请新闻记者、专栏作家、知名人士等进行专访活动。一般按旅行社设计并推出的线路以旅行游览的方式进行，旅行社按贵宾团的标准接待。活动结束后，会有相关的专访报道发表。

（四）实地考察

旅行社邀请自己潜在的和现实的旅游中间商前来考察，按照自己推出的产品（线路）让他们实地感受。因为都是同行中的“行家”和生意场上联手合作的“亲家”，所以旅行社的领导要高度重视。

（五）专题座谈

旅行社为了引起特定对象对自己产品形象的注意和获知他们的评价，往往邀请有关领导、专家、中间商和旅游者代表参加专题研讨会。这样不但能起到引导消费者的促销作用，而且他们的意见、建议和观点也可以供旅行社参考，以改进工作。

（六）赞助社会

旅行社为了宣传自己、回报社会，可视自己的财力状况向社会的公益事业、慈善机构、学术团体或重大赛事活动等有选择地提供资金赞助。

四、人员推销

人员推销是指旅行社派出人员直接登门或主动约见拜访潜在客户（中间商和旅游者）的一种促销方式。推销人员通过与客户直接接触，向他们介绍并推荐旅行社的产品，解答他们提出的有关问题，引导他们产生购买旅行社产品的意向，最好是说服他们购买旅行社的产品并签订合同。

(一)人员接触

包括单个推销员与单个顾客接触、单个推销员与单个单位客户接触、多个推销员(小组)与单个单位客户接触几种形式。

(二)会议促销

旅行社推销人员约请客户至某一地点开会,介绍旅行社的产品,解答相关问题。

(三)宣讲促销

旅行社推销人员前往客户所在地,对自己的产品进行宣传讲解并回答相关问题。

(四)电话促销

旅行社推销人员主动给事先选定的目标客户逐一打电话,简要介绍自己的产品并回答相关问题。

五、奖励促销

奖励促销是指旅行社为鼓励客户购买自己的产品而在短期内采用的一种营业推广刺激手段,其目的是通过短期的奖励以刺激中间商和旅游者的购买欲望和购买行为,从而达到扩大产品销售的效果。

(一)奖励促销的对象与目的

(1)旅游者。鼓励老顾客再次光顾,吸引新顾客购买,争夺竞争对手的顾客等。

(2)中间商。鼓励已合作的渠道成员多销快销,巩固并进一步发展良好的业务合作关系;同时吸引新的中间商加入合作。

(3)推销人员。鼓励推销人员大力推销产品(特别是新产品),开拓新市场,取得新业绩。

(二)奖励促销的形式与内容

对推销人员和中间商的促销奖励已在前文涉及,不再赘述。

旅行社或中间商对潜在的或现实的旅游者一般采用以下的奖励促销形式。

1. 竞赛活动

旅行社为了宣传自己的整体形象和产品形象,往往通过媒体单独或与他人合作举办各种形式的有奖竞赛活动,如知识问答、征文比赛、智力竞猜等。通常以免费旅游为大奖,对公众(特别是年轻人)有一定的吸引力。

2. 抽奖活动

旅行社承诺在购买自己产品的旅游者中按一定人数比例公开、公正地抽出中奖号码,以获奖者对该产品的免费消费为奖励。

3. 优惠活动

主要是利用特定时间和特定产品对特定对象开展的一种价格优惠(它不同于季节性变化的降价和团队16人免1人费用的优惠),如旅行社在五一劳动节对全国或省、市级劳动模范购买线路时的优惠措施。

4. 赠送活动

旅行社和中间商除向咨询的顾客和购买了产品的顾客赠送纪念品外,还可赠送代价券、积分券、交易印花等不违法的有价证券,以鼓励新老客户长期、大量购买自己的产品。

【典型案例】

旅行社产品开发与促销

20世纪90年代初,江西赣州中国国际旅行社总经理李升隆在接待新华社香港分社、香港工会联合会以及香港旅行界联合会客人时,谈到香港同胞饮用水的源头在安远县的三百山,引起了客人的极大兴趣,李总遂萌生了开发香港同胞“饮水思源游”产品的念头。在向旅游局汇报并得到支持后,遂组织力量,一方面引经据典查证资料,一方面到三百山实地考察,探根寻源。

三百山是一个方圆330平方公里原始生态山的总称,李总一行在当地人员带领下披荆斩棘寻到源头,他深深被沿途的景色所感染。在与当地政府和有关部门协商后,决定先宣传、后完善接待条件来进行开发,力求突出三百山的原始生态美的优势和特点。

赣州旅游局和国际旅行社在香港《文汇报》、《大公报》、《旅行家》等报刊上连篇介绍东江源头三百山,并与香港交友乐、荣辉、正刚等旅行社合作,推出香港—深圳—惠州—河源—定南—安远—三百山的东江溯源徒步旅游项目。当年就吸引了数百名“背包”旅游者的光临。经短短十余载的开发完善,如今三百山已成为国家级的自然保护区、风景名胜区和生态旅游区,每年来此探源的香港同胞数以万计,其中由赣州国旅接待的每年也不下4000~5000人次。不但当地的经济得益于旅游而发展,赣州国旅也由此积累发家,现已成为赣州(地级市)首屈一指的国际旅行社有限责任公司(当地唯一拥有出境组团权)。

第六节　旅行社产品的销售

旅行社产品的销售是指旅行社与现实的旅游者或与可能合作的中间商之间进行产品交易的全过程。由于旅行社各自的情况不同,其产品的构成、目标市场的选择、销售渠道的确定、销售策略的采用等也各异。本节只对普遍意义上的旅行社销售过程及其管理作介绍。

一、销售方案

旅行社的营销部门应按照总体的销售计划方案,对每一次具体的销售活动拟出实施方案。实施方案应包括如下内容:所售产品的具体情况、购买者的具体情况、具体的销售人员、具体的销售策略及授权幅度。

其中授权幅度主要指:产品价格的优惠幅度、对购买者提出的修改产品意见的承诺幅度及对产品成交至实际消费期间产生增加费用时的承担态度等。

所谓增加费用是指旅行社与旅游者或中间商签订产品购销合同并收取全部费用后至兑现合同进行具体消费期间,由于签约双方以外的原因而导致的费用增加,如交通和景区票价的政策性上调等。所谓承担态度是指旅行社对产生增加费用时所作出的选择究竟是全部转嫁、全部承担、有条件地转嫁、有条件地承担、提前交团费免收附加费五种选择中的哪种态度。

二、业务洽谈

业务洽谈是指旅行社的销售人员与销售对象之间为了各自的利益而进行的交易条件谈判并最终达成双方都满意的协议过程。

业务洽谈有两种形式:一种是双方面谈;另一种是双方借助通信工具洽谈。

(一)当面洽谈

旅行社的销售人员除在自己的门市部或营业办公场所与上门的客人洽谈外,更多的是主动走出去找中间商和大客户洽谈,与他们洽谈的时间、场合应以中间商和大客户为主确定。

当面洽谈的程序、内容和注意事项为:

1. 洽谈前准备阶段

(1)与客户约定洽谈时间和地点。

(2)销售人员提前做好个人的形象准备(特别是服饰、仪容等给人形成第一印象的感知形象)和洽谈内容准备(特别是产品形象展示及谈判语言艺术)。

(3)尽量多事先了解洽谈对象的情况。

2. 洽谈过程阶段

(1)销售人员按时赴约,礼貌会客。

(2)介绍产品,突出特色,报出价格,耐心解答。

(3)售购谈判。这是实质性的洽谈,双方就产品的内容、价格、购买方式、付款办法等问题逐一进行磋商,尤其会在价格上费一番周折。旅行社的销售代表应按拟订的销售方案,在授权的范围内视情况应对。

(4)签订书面协议。经过磋商、协商和商定后,双方可视结果签订合作意向书、委托销售代理证书、购销合同书等书面协议,以明确双方合作关系。

3. 洽谈后总结阶段

旅行社的销售人员在业务洽谈结束后,要及时进行认真的总结。要对洽谈的内容和笔记进行整理,对对方在洽谈中提出的要求、建议和意见进行分析;对自己所作出的承诺要尽快兑现。洽谈后应形成文字纪要并附上相关的原始资料存档备案。

(二)通信洽谈

通信洽谈是旅行社经常大量采用的一种日常性业务洽谈方式,多在已建立了合作关系的老客户之间进行。通信洽谈使用的工具主要有:

(1)传真。即通过电话传真机传递图像、文字的通信方式,有自动发送和接收功能,无须专人守机。

(2)电传。即通过电报传真机传递文字的通信方式,有自动收发明文电报的功能,无须专人守机。

(3)网络。即通过微机互联网传递图像、文字的通信方式,有自动收发后存储和下载功能,除网上对话外,亦无须专人守机。

(4)函件。即通过信函邮件传递的方式,一般用挂号信函和特快专递信函发送和接收。

以上四种均可作为书面凭据,只是传真件保存时间不很长就会显失。

(5)电话。它是最常用、最便捷的通信方式,特别是在紧急情况下多用电话洽谈单项委托业务。因电话通信不能留下书面凭据,除可录音和做好电话记录外,应要求对方及时补发文字凭据,以免引起不必要的纠纷。

三、产品报价

产品报价是指旅行社销售产品时向购买者(特别是中间商)所报出的价格。这种报价可以贯穿营销活动的全过程(从产品设计组合到促销、业务洽谈),也可以视每个时间阶段和购买对象的不同而有所变化,还可采用口头或文字凭据形式进行。

旅行社依据不同产品和不同销售时间、销售方式等有不尽相同的报价内容,以内容最多的团体包价产品报价为例,价格组成主要有:

(一)综合服务费

综合服务费包括正餐费(午餐+晚餐)、市内交通费(客人用车+行李用车)、导游服务费(领队+全陪+地陪)、计划内景区(点)门票费等。

(二)房费

一般指标准间(双人间),包括早餐。

(三)大交通费

主要指城市间的远距离交通费,包括飞机、火车、轮船、长途客车等。

(四)专项附加费

主要包括汽车超公里费、特殊游览活动费、文娱活动费、风味餐费、保险费、机场税(费)等。

以上各种费用中,旅行社在分别采购时根据数量、时间、档次(豪华等级、标准等级、经济等级)等不同已经获得了供应商不同程度的优惠。旅行社把这些实际获得的费用相加,综合为直接成本,再加上间接成本(固定成本折算及各种费用)和利润指数,给出团体包价产品的报价。

四、合同的最后确认

通过旅行社的销售人员进行业务洽谈和产品报价之后,该产品的购买者(包括中间商和旅游者)无论以何种形式表示愿意接受该产品(包括价格),旅行社最后都必须以正式书面的方式(最好是正式合同)由双方共同确认。确认的内容包括:双方购销产品的内容、价格、数量、质量以及旅游者成行的日期等;双方享有的权利和应尽的义务以及违约责任的追究等;付款的方式,包括明确电汇、信汇、现金、支票等方式和币种,汇率及比价等;最后的付款期限等。

五、接待计划

旅行社出售给旅游者或通过中间商出售给旅游者的产品,实际上是一种以线路和日程安排形式即接待计划所反映出来的服务。旅游者购买了这种产品后,也就是按接待计划取得了产品的享用权(消费权)。因此,制订和执行接待计划是旅行社产品销售的最重要内容及所售产品价值的最终体现。

旅行社接待计划的制订有的是以营销部门为主,有的是以接待部门为主,有的是两个部门联合制订,在销售时由销售人员提供给旅游者或中间商。

旅行社接待计划的执行除单项委托服务由销售部或接待部负责外,其他综合服务性的接待计划应该由接待部负责执行。

旅行社接待计划的变更和调整,在旅游团(者)未出发前发生的,多由营销部门负责与旅游团(者)及中间商协调。在计划执行过程中发生的,多由接待部门(或导游员)与客人及有关单位协调。

六、售后服务

旅行社的售后服务是指旅游者结束旅游消费活动之后,由旅行社主动向客人提供的后续服务。

售后服务跟踪一般由旅行社的质量监督部门负责,这样比较客观、公正(对营销部和接待部而言),特别重要的客人可以以旅行社领导名义进行。

(一)售后服务的目的和作用

1. 征求客人意见,若客人有重大批评和投诉情绪,要耐心倾听,表示抱歉,在核实情况后给予答复和处理,尽量化解矛盾,避免出现投诉。

2. 感谢客人光顾,征询客人建议,表明加强联系和改进工作的诚意,使客人感到受到尊重,除自己有可能成为回头客外,还会成为旅行社的义务宣传员。

(二)售后服务的方式

可有选择地对某些重点客人进行电话问候、贺卡问候、书信问候,也可邀请他们参加旅行社的座谈会、研讨会、招待会等活动。

本章小结

市场经济就是商品经济,商品的生产,流通和消费都离不开营销。营销是旅行社的主要业务和管理重点,在目前和今后都是买方市场占主导地位的形势下,旅行社应重视市场调查、细分和定位;设计、组合、推出具有竞争力的产品;选择最佳销售渠道和促销方法;保证产品质量并搞好售后服务。

思考与练习

1. 如何理解旅行营销管理的含义?
2. 旅行社产品的形态有哪几种划分?
3. 旅行社促销产品常采用哪些方法?
4. 请你分析一下旅行社各种销售渠道的利弊。

第4章 旅行社接待管理知识

学习重点

- 旅行社接待业务的管理要素
- 旅行社计调人员的素质要求
- 旅行社怎样选择合适的导游
- 出境游、入境游、国内游团队接待的不同特点

第一节 旅行社接待的概念

一、旅行社接待的含义

(一)接待是旅行社履行合同义务的行为

旅游者与旅行社签订了合同,预付了费用,购买了自己所需的旅行社某种产品,只是取得了这种产品的享用权,而要实际享用,还必须在旅行社的具体安排下亲自参加旅游活动,直到这种活动结束,才算完成了交易全过程。因此,旅行社按合同兑现全部日程安排并提供相应服务,才算全部承担并履行了合同义务。

(二)接待是旅行社产品生产与消费同时进行过程中的服务

旅行社的产品实质上是一种服务,接待就是这种服务的综合体现。旅行社生产的产品是旅游活动全过程中以物质接待条件为依托的物化劳务服务,旅游者购买并消费的也正是在旅游活动全过程中所需要的这种物化服务。因此,接待是旅行社为满足旅游者在旅游活动全过程中各种需求的服务行为。

(三)接待服务主要由导游人员实现

接待是旅行社实现旅游者所购产品价值转移的服务过程。这一过程,一方面是旅行社内部一系列相关接待业务活动的运作,另一方面,是旅行社委派的导游人员在直接对客人服务中完成的。

二、旅行社接待服务的构成要素

(一)接待服务主体

1. 导游人员(简称导游)

导游人员是指取得合法的导游证,接受旅行社委派,为旅游者提供向导、讲解和相关服务的人员。

导游人员按接待业务范围分为:

(1)领队。受有特许经营出境游的国际旅行社委派,全权代表该旅行社带领出境旅游团进行全程活动并提供服务的导游人员。

(2)全程陪同导游人员(简称全陪)。受组团旅行社委派,作为组团社的代表为旅游团

(者)提供全程陪同服务的导游人员。

(3)地方陪同导游人员(简称地陪)。受接待旅行社委派,代表接待社为旅游团(者)提供当地旅游服务的导游人员。

(4)定点陪同导游人员(简称定点导游)。是在一个固定的参观单位或景区(点)内为旅游团(者)提供讲解等服务的导游人员。

2. 管理人员

管理人员主要指旅行社对接待服务活动进行直接和间接管理的人员,包括接待部门的直线管理者和质监等职能部门的管理者。

3. 计调人员

计调人员即旅行社具体负责接待服务计划的安排和调度的人员。

4. 后勤人员

后勤人员主要指为接待服务提供后勤保障的票务人员、行李人员等。

(二)接待服务客体

1. 旅游团队

主要指出境旅游团、入境旅游团、国内旅游团。

2. 旅游散客

主要指入境散客、国内散客,今后将扩大到出境散客。

(三)接待服务程序

接待服务大致分为三个阶段:接待前的准备阶段;实际接待阶段;接待结束后的总结阶段。

领队、全陪、地陪的接待程序是指按照以上三个阶段的内容和要求进行连续性工作的过程。

(四)接待服务标准

国际标准化组织(International Standardization Organization,即 ISO)推广的相关服务标准。

中华人民共和国颁布的《导游服务质量》国家标准 GB/T 15971—1995。

国家旅游局颁布的旅游行业标准,如《旅行社国内旅游服务质量要求》LB/T004—1997;《旅行社出境旅游服务质量》LB/T005—2002。

三、旅行社接待业务的管理要素

(一)管理主体

(1)直线管理者主要指接待计划的确定者和接待服务活动的指挥者。

(2)职能管理者主要指接待服务质量的监督和协调者。

(二)管理客体

(1)直接对客服务的导游人员。

(2)负责具体接待计划安排、调度的计调人员。

(3)提供后勤保障的行李员、票务员等。

(4)接待服务的流程及服务质量的动态管理。

(5)从某种意义上说,服务对象(旅游者)也是管理对象。

(三)管理手段

(1)设置专门的接待机构(一般称接待部)、配备合适的管理人员。

(2)设计科学而协调的接待业务流程。

接待业务流程,一种是从营销活动起至接待结束后的设计;另一种是从销售移交接待部的计调业务起至接待结束后的设计。

(3)确定较高的接待服务标准(至少要符合国家和行业标准)。

(4)制定严谨的接待工作规章制度并进行相应的绩效考核。

第二节　旅行社计调业务管理

一、计调业务的含义

计调是计划调度的简称,原指企业产品生产和流通过程中的计划安排和调度工作,是企业管理中的业务操作指挥、控制、协调部门。

计调业务及其管理部门——计调部是我国旅行社行业的一个传统称谓,至今仍被不少旅行社沿用,但具体到各个旅行社,计调业务的内涵和计调部的组织形式、名称及职能等也不尽相同。

在旅行社属政府接待部门时期,没有专门的计调部,但有计调业务,放在接待处(科),其业务职能是制订具体的接待计划,经旅行社同意并报政府主管部门后,以接待任务的形式(指令性文件)下达给社会上的有关接待单位和旅行社的接待人员(陪同、翻译)。

在旅行社"转轨"时期(自收自支的事业单位和事业单位企业管理阶段),旅行社的业务部门由一个(接待处)增至二个(外联部、计调部、接待部)。其中外联部主要负责到外面去联系客源;计调部主要负责设计产品(线路)、采购产品组成、编制接待计划等;接待部只负责具体接待计划的执行。

在旅行社以企业身份走向市场后,随着业务范围、经营机制和管理体制的变化,旅行社的计调业务内容和管理职能划分也出现了较大调整:有的已不再单独设计调部,而把计调部放在营销部或接待部作为二级部门;有的虽保留计调部,但把产品设计、采购和线路安排计划的业务职能划归营销部,计调部只在营销部和接待部之间起承接、协调作用;有些大型旅行社仍单独设计调部负责计划的制订、统计业务和资源的调配等。

不管对计调业务的内容如何划分和计调业务管理部门如何设置,旅行社的计调业务都是客观存在和实际工作需要的,本书是把计调业务放在接待部门加以叙述的,指的是围绕着接待业务开展的计划活动和调度活动。

二、计调业务的内容

(一)制订或审核接待计划

接待计划是旅行社与旅游者或中间商签订合同中的主要契约性文件,也是中间商据此安排具体活动日程的文字依据和结算凭据,同时也是旅游者掌握并按照其中的日程安排进行活动,对旅行社接待工作进行对照、监督、评价的依据。

旅行社接待计划的制订者有三种人员。

(1)销售人员。在销售时作为产品的一个组成部分按设计的产品(线路)制定,但这时的接待计划比较简明。

(2)计调人员。按照销售部与客户签订的合同及大致计划框架而具体制订。

(3)接待人员。由计调部确定的接待人员按照销售部签订的合同及大致计划框架拟出具体接待计划,交由计调部核准。

无论以上哪种人员制订的接待计划,计调部业务主办和负责人都要认真审核,避免因计划安排不当而造成实际接待工作的失误和损失。

接待计划的内容和形式因接待对象和旅行社的操作不同,也各有不同,但基本内容是一致的。

1. 旅游团(者)基本情况和要求

(1)旅游团(者)的名称、团号、组团社名称。

(2)旅游团(者)的人数和服务等级。

(3)旅游起止线路及停经地点。

(4)下榻饭店的名称、等级、客房间数、标准。

(5)用餐标准及要求(有特殊要求的如清真、西餐、忌食等更要列入)。

(6)导游员及具体要求(语种、等级)。

(7)费用结算方式。

(8)联系人姓名、联系方式等。

2. 日程安排

(1)旅游团(者)抵离日期(年、月、日)、具体时间(24 时制或时段划分、要精确至分钟)、所乘交通工具(精确至航班号、火车车次、轮船班次)、抵离的具体地点(精确至某地××机场、某地××车站、其他××码头)。

(2)旅游线路中所停经的地方名称、交通工具类型及号、次、抵离的时间。

(3)在各地安排的食、住、行、游、购、娱活动项目内容及具体要求。特别要列出主要的参观单位、游览景区(点)的名称及活动时间。

3. 旅游团(者)名单

包括每位旅游者的姓名、性别、年龄、职业以及该团领队或全陪的姓名、性别。如系出入境团(者),还应标明旅游者的护照号码。

接待计划的发送对象:

(1)组团社发送给接待社,地接社据此具体安排后反馈给组团社。

(2)组团社或接待社发送给旅游者(只限线路及日程安排内容)。

(3)组团社或接待社发送给本社领导、相关部门和接待人员。

(二)调度接待资源

(1)调配人员。确定执行该计划的导游员、票务员、行李员。

(2)调配用品。如接站牌、导游旗、手提扩音器、手提电脑等。

(3)受财务部委托,统一领取的上团借款单、与有关单位达成协议后对方认可的结算凭据式签单的保管和发放等。

(三)及时沟通协调

计调人员在计划的执行过程中,要随时保持与有关单位和人员的联络,对出现的问题及时协调解决,必要时及时向上级管理人员汇报。

(1)及时与执行接待任务的本社导游员联络,掌握计划的进展和落实情况。

(2)及时与对口接待旅行社联络,如有情况变化要及时协商应对。

(3)及时与本社有关领导和相关部门联络,并与计划所涉及的社会有关部门和单位保持必要的沟通。

(四)做好值班工作

旅行社接待业务的特殊性(接待计划的连续性、多变性和事故的突发性)需要,要求旅行社设置一个值班室,实行24小时不间断的值班制度。旅行社的值班室一般由计调部负责管理并安排专人处理日常的事务工作。

值班工作人员的主要职责有:

(1)掌握旅行社即将执行和正在执行的接待计划内容。

(2)在授权范围内处理带团导游员请示汇报的有关事宜,如有重大情况,及时向领导汇报。

(3)及时将有关接待计划的变动或主要情况向相关单位通报。

(4)做好值班记录和电话记录以及交接班记录。

(5)负责每次接待资料的收集和归档工作等。

三、计调人员的素质要求

(一)作风正派

计调人员拥有安排导游员"上团"的决定权,应按照接待计划对导游员的要求确定合适人选。在实际工作中,往往会遇到有的导游员因个人或家庭原因提出不能上团或调团,也有的善于"挑肥拣瘦"提出调团。此时,计调人员要秉公处理,对确有实际困难的导游员适当给予照顾,对投机取巧者绝不能姑息。

(二)业务熟练

计调人员要熟悉接待业务流程、接待质量标准、本社专兼职导游人员情况等计划内容所涉及的方方面面的情况,真正做到心中有数。

(二)态度认真

计调工作时效性强,各环节的衔接严谨,从制订计划、核实计划到执行计划、调控计划等步骤都要认真负责,不能有丝毫疏忽和马虎,否则会使接待工作出现紊乱,影响旅行社的声誉和利益。

(四)善于应变

旅游团(者)在接待运行过程中,难免会遇到一些情况变化甚至是突发事件,对口接待社特别是本社导游员通常都是先与计调人员联系。对此,计调人员要有敏捷的思维、正确的判断、明确的答复,绝不能优柔寡断、推诿延误(只有事情特别重大时才能向上级请示后再答复)。这就要求计调人员具备丰富的经验和高超的应变能力。

第三节 旅行社导游人员管理

导游人员(以下简称导游)是旅行社人数最多的骨干力量。据国家旅游局《2006年度全国旅行社业务年检情况通报》称:2006年底,我国大陆旅行社共18475家,直接从业人员为293318人,其中导游99560人,领队21374人,约占总人数的41.23%。

如何科学而有效地管理导游,是我国旅行社管理工作中面临的很实际也很棘手的大问题。因导游的使用和日常管理归口在接待部门,故在此专设一节论述。

一、全面认识导游

旅行社的管理者应首先全面认识导游在执行接待任务时的身份、作用及其工作特点。

(一)导游的身份

无论是旅行社的专职导游,还是旅行社通过中介机构聘用的兼职导游,他们在接受旅行社委派为旅游团(者)提供旅游服务时,都同时具有双重职业"角色"身份:

1. 旅行社的代表

接待服务是旅行社履行与旅游者所签合同的行为,旅行社委派的导游便是旅行社法定的履约委托人。导游要对旅行社的根本利益负责,也要对旅游者的根本利益负责。同时,旅行社对导游的职务行为和旅游者的合法权益均要负责。旅行社不能以任何借口对导游的职务行为推诿、敷衍。

2. 旅游者的雇员

旅游者是旅行社及其员工真正的"衣食父母",旅游者花钱购买了旅行社的综合产品或单项导游服务,就在产品的交换中取得了雇主的地位,拥有依法享受合同中规定的导游提供常规服务的权利。因此,导游在执行接待合同时,必须全心全意地为雇主提供优质服务,切实维护雇主的合法权益。导游如果不能使雇主真正满意,旅游者有权要求旅行社视情况更换导游或进行投诉。

(二)导游的作用

1. 生产作用

导游对客服务过程,就是旅游线路这一无形产品的生产过程和旅游者的消费过程。随着旅游活动的开始,每一个环节都是旅游产品的生产工序和消费者的体验。因此,导游是具有特殊意义的生产者,他们的生产作用是显而易见的,一个合格的导游是旅行社合格产品的生产者和经济效益的直接创造者;反之,则是瑕疵产品的生产者和旅行社利益及旅游者利益的损害者。

2. 销售作用

旅行社的产品对旅游者来说是一种"经历",其价值的衡量主要取决于以导游为主的接待人员的服务态度和服务技能。一个称职的导游不但能使购买了旅行社产品并进行消费的旅游者感到物有所值,而且还会影响旅游者今后继续购买这家旅行社的产品并义务为这家旅行社扩大宣传。反之,如果导游的服务质量低劣,不但这次消费会使客人不快,甚至引发投诉、索赔,还会对其他有可能光顾的客人产生负面影响。因此,导游是旅行社产品最直观的营销员,他们的服务直接影响到产品的价格和销售量。

3. 宣传作用

导游的工作过程,是一个对外和对内宣传的过程。对外宣传,能使外国游客通过导游的安排和介绍以及实际行动而准确地认识中国和中国人民。一个好的涉外导游往往被誉为"民间大使"、"友谊的建筑师"、"新中国的代表"等。对内宣传,能使国内游客通过导游的宣传更加了解祖国、热爱祖国、激发出建设祖国的更大热情。一个好的导游往往被誉为"良师益友"、"文明使者"等。反之,极个别导游在对外、对内宣传中丧失立场、信口开河,甚至有失国格、人格,不但直接损害了旅行社的形象,甚至损害了一个地区、一个国家的形象。

4. 信息沟通作用

导游在对客服务过程中,会接触到大量的有价值的信息。这些信息一是对社会有关部门和单位有参考价值;二是对旅行社改进工作有直接帮助;三是对导游本身和其他相关人员有促进作用;四是对旅游者和以后的消费者也有借鉴作用。

(三)导游工作的特点

1. 原则性

导游工作有很强的政策性、原则性,特别是在国际旅游接待中体现得更为明显。导游工作的原则性集中表现在两方面:一是必须坚持四项基本原则,严格按照党的方针政策办事;二是必须遵守涉外人员准则和旅游工作的各项规章制度以及导游服务细则。

2. 经济性

旅行社作为一个企业是要获取经济效益的,导游服务是实现旅行社经济效益的生产过程。这其中就涉及生产成本、产品质量和价格的合理性以及价值的最终实现。因此,按合同提供合格的接待服务本身就是一种经济活动。其次,导游服务的经济性还体现在优质优价上,导游工作的高质量和好信誉可以为旅行社赢得长期、稳定、增长的客源,获得更大的收益。

3. 文化性

旅游不仅是经济活动,更是文化活动。导游堪称是旅游文化使者——导游通过自己丰富的知识、生动的表达、鲜明的态度,向国内外游客传播优秀的民族文化和现代文化,使他们受到这种文化的熏陶和美的感染从而得到精神上的极大满足。当然,导游工作中也会遇到一些落后的、腐朽的甚至是反动的文化现象,这就要求导游立场坚定、态度鲜明、自觉地拒腐蚀、抗污染。

4. 独立性

导游在对客服务过程中,往往远离自己的领导和同事,会遇到各种各样的情况和问题,甚至是突发事件。对此,导游一方面应及时向自己的旅行社汇报、请示,以及取得当地接待社或有关单位支持,另一方面与旅游者进行必要的通报和协商,但更重要的是在紧急情况下沉着冷静、善于应变、果断而稳妥地处理职责和权力范围以内的变故。

5. 超常性

超常性一是指导游工作时间长、服务内容多、精力和体力消耗大、肩负责任之重等超乎于其他行业正常8小时工作的概念;二是指导游工作除按合同提供常规服务外,还要根据接待对象的不同情况和合情合理的特殊要求,提供超常规的个性化服务。

6. 综合性

旅游产品的综合性决定了导游服务的复杂性和导游工作的多样性。在旅游活动全过程中,导游扮演了服务员、讲解(翻译)员、宣传员、安全员、协调员等多种角色。导游既要严格按接待计划行事,又要在执行中进行综合平衡。

(四)导游应具备的素质

1. 思想素质

(1)导游应该具有爱国主义意识,要时时处处维护国家的利益和民族的自尊。

(2)导游应遵纪守法,认真贯彻执行党和国家、政府的方针、政策、法律、法规。

(3)导游应模范遵守社会公德和职业道德,敬业、爱业、乐业、专业。

(4)导游应作风正派,廉洁奉公,维护国家、单位和旅游者的合法权益。

2. 业务素质

(1)导游应有较广博的文化知识,特别是政治、经济、文学、历史、地理及中外民族民俗等方面的知识。

(2)导游应有较强的语言(含外语、方言、少数民族语言)表达能力、较强的组织能力、协调能力、应变能力等待人接物处事能力。

(3)导游应有较熟练的业务技能,熟悉接待服务的流程、程序、标准以及相关的规章制度,文明礼貌待客,讲求工作效率和质量。

3. 健康素质

(1)身体健康。能以饱满的精神、充沛的精力和健康的身体承担接待任务。

(2)心理健康。能以开朗的性格、坚定的意志、丰富的情感、敏捷的思维以及良好的注意力、观察力、记忆力、想象力等心理特征投入到为客服务中去,做到任劳任怨、一丝不苟。

二、慎重选择导游

旅行社为了保证接待业务的顺利开展,就要拥有一支一定数量和质量的专职和兼职导游队伍。

导游的质量对旅行社的生存和发展关系重大:好的导游可以给旅行社带来极高的荣誉和可观的经济效益;坏的导游会使旅行社蒙受极大的名誉损害和严重的经济损失。

正因为导游在旅行社接待服务中有着举足轻重的影响作用,所以旅行社一定要慎重选择专、兼职导游。慎重选择有两种含义:

一是选择专、兼职导游入旅行社之门时要慎重,既不要错过优秀人才和可塑之才,又要避免不良之辈混进来。

二是选择专、兼职导游上岗陪团时要慎重,要根据接待任务需要而委派合适的导游,不能为了应付差事而随便委派人员。

慎重选择专、兼职导游应注意资格审查、素质考察和合法聘用。

(一)进行导游资格审查

选择专、兼职导游时,首先要审查是否有合格的导游资格证书。

所谓合格的导游资格证书是指:

(1)通过全国统一的导游人员资格考试,经考试合格,获得国家旅游局及其委托的省、市(直辖)、自治区旅游局颁发的“导游人员资格证书”。该证书的有效期为3年,3年内未从业的,资格证自动失效。

(2)虽未取得导游人员资格证书,但具有特定语种语言能力的人员,旅行社需临时聘请从事导游活动的,由旅行社申请并经省、市(直辖)、自治区旅游局批准颁发临时导游证。临时导游证有效期最长为3个月,并不得延期。

(3)国家对导游人员实行等级考核制度。导游员分为初级、中级、高级、特级四个等级,其中初级和中级导游员由省级旅游局或其委托的地市级旅游局评定,高级和特级导游员则由国家旅游局评定,评定合格后发给相应的证书。

(4)国家对组织中国公民出境旅游的旅行社实行领队考核制,领队须经省、市(直辖)、自治区旅游局考核合格,方能取得领队证。

以上几种资格证书均由国家旅游局统一印制,按批准权限核发,在全国范围内使用,其他任何部门、地方和单位无权颁发其他形式的导游证。

在旅行社审查导游人员资格证书时,可能会遇到以下情况:

(1)政府非旅游主管部门评定的导游人员资格证书,如人事、劳动部门曾经开展过这方面的认证。

(2)地方政府及旅游部门越权颁发的导游人员资格证书(美其名曰:地方"粮票",在当地管用)。

(3)仿真制作的假导游资格证书(几乎能以假乱真,2004 年 4 月 29 日,江西省南昌市旅游局执法大队在滕王阁景区查获了自称是山东省潍坊市金马旅行社导游徐 × × 伪造使用的 IC 卡导游证)。

(4)过期失效的真导游资格证书。

(二)进行导游素质考察

旅行社对拟聘的专、兼职导游应按照导游人员必须具备的素质要求进行认真的考察,考察程序参照本书人事管理的有关内容。根据导游的特殊情况,考察时还应特别注意:

(1)根据国家旅游局 2001 年 12 月 27 日颁布的《导游人员管理实施办法》规定,获得导游人员资格证后,要从事导游工作,还须办理导游证(胸卡)。在申请办理导游证时,须参加颁发导游证的旅游行政管理部门举办的岗前培训。

(2)获得导游资格证并参加岗前培训后,在申办导游证时须与一家旅行社签订劳动合同或与一家社会导游管理服务机构签订注册登记托管协议。

(3)国家对获得导游证(IC 胸卡)的导游实行计分管理和年审管理。计分办法实行年度 10 分制,年审须参加累计不少于 56 小时的培训。

旅行社在拟聘专、兼职导游时,按照上述规定和考察对象的具体情况,分别确定考察的重点,其中:

获得导游资格并参加了岗前培训的人员,因尚无导游经历,主要考察其以往的非专业表现(如在校时或在其他单位时)。

已获得导游证并与社会导游管理服务机构签有托管协议的导游,主要通过该服务机构进行考察。

已获得导游证并与一家旅行社签订劳动合同的导游,主要考察其合同是否期满、在原单位的表现、计分管理和年审管理中有无违规扣分或暂缓通过的记录等。

(三)进行合法聘用

(1)对经过导游资格审查及素质考察后确定为本旅行社专职导游且尚未从业的人员,应按国家规定签订《旅行社与导游人员劳动合同书》,并经旅行社所在地劳动部门签证生效。

(2)对已与旅行社签过约但期满且无经济或专利等纠纷的导游,应按上条规定办理。

(3)对已与导游管理服务机构签有托管协议的导游,应通过该机构办理兼职导游聘用手续。旅行社虽然要多付一些费用给该机构,但也减少了日常管理的费用和因导游工作失误而造成的损失风险。

三、重视培训导游

旅行社对已聘用的导游(专、兼职)不能只管使用,而应重视对他们的培养、教育和训练,这是人力资源开发和服务质量提高的根本举措。旅行社的导游培训分为内部培训和社会培训两大方面。

(一)内部培训

1. 上岗前培训

导游(专、兼职)在正式上岗前,旅行社要对他们集中进行五个方面内容的培训,即敬业精神、服务意识、基础知识、专业技能、作业规范方面的培训。

2. 上岗后的培训

导游(专、兼职)上岗后,旅行社要根据工作规律相机安排在岗培训。培训内容主要有思想教育(结合正反典型案例)、知识扩充(特别是外语和与接待服务有关的导游知识)、业务交流(以老带新、相互借鉴)、实景感受(利用淡季组织社内员工旅游团,“走线踩点”,相互评判)。

(二)社会培训

(1)行业主管部门组织的导游年审培训。旅行社要确保专职导游参加不少于56小时的年审培训。

(2)行业主管部门组织的导游晋级考评培训。旅行社应鼓励、支持符合晋升等级的专职导游参加评定及考前培训。

(3)旅行社有选择地派出导游参加由行业协会、旅游培训机构、高等院校等组织的进修性、研讨性和提高性的培训。

四、真诚善待导游

现在导游市场已呈供过于求的局面,但这只是从数量上而言,而就质量而言,真正优秀的导游,特别是中、高级的外语类优秀导游仍然是旅行社争聘或留住的紧缺人才资源。旅行社要想聘到和留住导游人才,应努力做到关心、支持、激励和规范。

(一)在政治上、生活上关心导游

政治上的关心主要体现在引导导游人员树立正确的人生观、世界观,通过事业有成体现人生价值观。同时,要出于对导游政治上的爱护,经常提醒他们要防腐拒变,自觉抵制各种污染和诱惑。

生活上的关心主要体现在关心导游个人身体健康和家庭的安康,解决他们的后顾之忧,以便更加精力充沛地投入到工作中去。

(二)在工作上支持导游

工作上的支持体现在以下几点:

(1)根据不同旅游团的特点,选派合适的导游上团。

(2)做好接待的相关后勤保障工作。

(3)及时协调、处理导游在接待中遇到的实际困难。

(三)在待遇上激励导游

(1)在绩效考核中,对表现好、贡献大的导游要给予精神上、物质上的奖励。

(2)不少旅行社正在试行“高薪养廉”,即通过提高导游基本工资、带团补贴、效益奖金和单位对单位佣金提成作为导游的合法报酬,使其不靠索要小费和私拿回扣而非法获利。

(3)也有些实行股份制的旅行社,对导游骨干采用折股、配股的激励政策。

(四)在制度上规范导游

(1)最主要的制度是国务院颁布的《导游人员管理条例》。

(2)最基本的规范是国家旅游局颁布的《旅行社接待服务规范》。

(3)旅行社内部制定的相关规章制度,体现奖优罚劣,优胜劣汰。

【典型案例】

这属于导游员的职责吗?

某国际旅行社接待了一个到青岛的香港旅游团,由导游员王某担任全程陪同导游员。当旅游团到了青岛地区的县级市即墨以后,按照旅游团的安排参观了当地的即墨老酒厂,客人对即墨老酒的酿造工艺产生了浓厚的兴趣,于是向导游员王某提出,希望利用第二天上午自由活动时间,请王某协助联系酒厂,安排一次有关即墨老酒酿造工艺的座谈会,如需费用,可由该旅游团支付。但导游员王某打算第二天上午去看一个朋友,所以对安排座谈会不感兴趣,于是就以旅游计划上没有这项内容,并且联系座谈会不属于导游员职责为理由拒绝了。为此,旅游团客人十分不满。旅游结束后,旅游团向旅游行政管理部门进行了投诉。

我们可以对这个案例做如下分析:作为一名导游员,必须具备良好的服务意识,在头脑中要树立顾客至上的理念,当时刻为客人着想。在旅游过程中,导游员对客人提出的一切合理要求,在力所能及的情况下都应该满足。在本案例中,客人提出与厂家座谈的要求是合理的。因为座谈的时间是在自由活动时间进行,虽然旅游计划上没有这项内容,但也不影响整个旅游的行程,并且客人主动提出愿意承担由此而发生的相关费用。作为全陪的王某应当积极主动地与当地的地陪联系,请其帮助联系座谈事宜,尽力满足客人的要求。即使是由于酒厂方面的原因而不能进行座谈的话,王某也应当耐心地向客人解释,不应当在客人提出要求时就拒绝。这个案例再一次提醒我们:一方面,导游员自身一定要具备良好的服务意识,要处处为客人着想;另一方面,旅行社应当强化导游员的服务意识,在选择导游员时,旅行社应当加强对导游员服务意识的考察。

第四节 旅行社接待服务管理

旅行社接待服务包括出境旅游团接待、入境旅游团接待、国内旅游团接待和国内外散客旅游者接待等几种形式。其服务流程包括接待前的准备阶段、实际接待阶段和接待后的总结阶段。旅行社接待部的管理者要根据不同的接待对象及其特点,审核计调部的接待计划、日程安排及导游委派,并按接待服务流程及相关规章制度进行动态管理,以确保接待服务质量和效益。

一、出境旅游团队的接待服务管理

(一)出境旅游团队的接待特点

1. 涉外事宜较多

涉及护照、签证、卫生防疫、动植物检疫、财产报关、外币兑换等手续的办理以及告之旅游者相关的涉外常识、保密规定、礼节礼貌、意外情况应对等内容。

2. 日程安排稳定

一般情况下,出境游的日程安排比较稳定,各环节的衔接比较紧凑,领队和目的地接待社必须严格按接待计划行事。

3. 消费水平较高

除计划内消费外,不少旅游者在购物、娱乐、风味餐等计划外消费开支额度较大,但领队要注意提醒游客警惕这些消费中可能存在的“陷阱”。

4. 外语水平较低

除极少数旅游者懂外语外,绝大多数人的外语水平较低,有些甚至根本不懂外语,这就容易造成出境后在团队以外的活动和交流中会遇到语言障碍,因此,要求领队服务须特别细心和小心。

(二)领队接待服务程序及规范

1. 准备阶段

(1)详细了解旅游团每个成员的情况,特别是重点人物、照顾对象及团队特殊要求等情况。

(2)认真研究计划安排,发现问题及时汇报。

(3)做好物质准备,如集体签证、交通票证、各种表格及备用金等。

(4)召集旅游团成员开碰头会,介绍相关情况及注意事项,分发有关资料等。

(5)出发前与目的地接待社取得联系(最好是与该社确定的全陪取得联系)。

2. 接待阶段

(1)带领旅游团顺利出关。

(2)与目的地接待社全陪商定日程。日程安排一定要符合双方旅行社确定的接待计划,确保旅游者的合法权益。日程安排要告知旅游者,以便共同遵守并监督实施。

(3)做好各方面的沟通、协调工作,包括旅游者之间、旅游者与接待社全陪、地陪之间的关系等。

(4)保管好证件。如旅游团的集体签证,回国前夕集中保管旅游者个人护照(便于入关登记和防止个别人滞留不归)。

(5)做好其他服务工作。如行李的清点和行李卡的保管,分配住房、火车铺位、登机卡,支付必要的费用,关心游客健康和特殊困难等。

(6)保持与所在旅行社的联系,认真写好“领队日志”。

(7)带领旅游团安全回国(返乡),散团前致送别词。

3. 总结阶段

(1)处理遗留问题,如可能出现的投诉、旅游者委托事宜、与旅行社的结账及还物事宜。

(2)写出接待小结。

(3)呈阅“领队日志”。

(三)出境旅游团队接待服务管理

1. 准备阶段

(1)认真审核计调部的出境旅游团队接待计划及日程安排,重点是审核委派的领队是否恰当。

(2)认真检查领队接团前的准备情况。

(3)参加领队召集的旅游团成员见面会,核实游客本人与其所持护照、签证是否一致(防止以旅游名义偷渡);听取领队向游客介绍有关情况及注意事项,注意介绍是否全面、准确,必要时作出补充和强调。

(4)通过保密方式在游客中选择“临时监督员”(一般15人以下选择1人,16—30人选择2人,以此类推),向其说明意图,交代监督任务并给以一定酬谢。

(5)提醒领队应注意的事项,如请示汇报制度,我驻外使、领馆的联系方式,对方接待社的最新信息等。

2. 接待阶段

实际接待阶段是接待管理的重点和难点,旅行社一般通过以下方式进行遥控:

(1)通过旅行社制定的请示汇报制度控制。这种制度明确规定了接待人员在外执行任务时,哪些情况必须请示汇报,哪些情况可视情随机处置。这样就防止了遇事不请示和事事都请示两个极端。一般情况下,可规定"有事报情况,无事报平安"。

(2)通过与旅行社选择的临时监督员联系,了解相关情况。

(3)通过与目的地接待社联系,了解相关情况。

(4)通过旅行社认为比较稳妥的其他方式了解相关情况。

3. 总结阶段

(1)及时检查"领队日志"和接待小结,不仅可以从中看出领队的工作态度,还可了解目的地接待水平及游客反应。

(2)及时向临时监督员和旅游团内有代表性的游客了解情况,特别要注意客人真实意思的表达:是肯定的表扬还是不满的批评和合理的建议等。

(3)适时在接待部业务交流会中对领队的工作进行总结、评议,并与绩效考核挂钩。

二、入境旅游团队的接待服务管理

(一)入境旅游团队的接待特点

1. 准备周期较长

无论是旅行社在境外自联的旅游团,还是境外旅游批发商或经营商售给的旅游团,从成团到成行都有一个较长的时间过程。这一方面增加了旅行社与境外组团社的联系次数,另一方面也给旅行社的接待准备工作提供了比较充裕的时间,可以利用这段较长的时间把准备工作做得更细致、扎实。

2. 停留时间较长

入境团除只在一地活动的"一地团"外,绝大多数旅游团的停留时间都比较长,一般都在1—2周,有的甚至更长些。他们的旅游线路也相应比较长,一般都停经几个城市或多个旅游景区(点)。

3. 消费水平较高

除参团规定的费用较高外,境外旅游者在购物、消遣等方面的支出比较多。比如很多外国游客喜欢购买中国的字画、古董、工艺品、土特产,喜欢品尝各地的风味菜肴及小吃,喜欢晚上泡酒吧、咖啡吧等。其中大部分人是出于好奇,并不一定真懂,也容易被某些不法商家糊弄,这就要求全陪负责对他们进行提醒和帮忙,让他们获得货真价实的消费。

4. 懂中国话的少

不要说绝大多数外国人,就是长期生活在海外的华裔中也有不少人对中国话非常生疏。由于语言、信仰、文化背景、生活习惯、价值观念等与我们有很多不同,因此旅行社应该为他们配备综合素质(特别是外语水平)较高的全陪、地陪。

5. 变化因素较多

由于入境旅游团队的停留时间较长,停经的地方较多,活动的范围较广,加之不少旅游者会提出许多个性化的要求，因此旅行社的全陪或地陪服务既要遵循规范化服务原则，又要体现个性化服务原则。

（二）全陪接待服务程序及规范

详见国家标准《导游服务质量》3.“全陪服务”。

（三）地陪接待服务程序及规范

详见国家标准《导游服务质量》4.“地陪服务”。

（四）入境旅游团队接待服务管理

1. 准备阶段

（1）旅行社接待部要认真审核接待计划及日程安排，其中要特别核实有无到非开放地区旅游安排以及是否办理了批准手续。

（2）要检查全陪、地陪上团前的准备工作情况。

（3）与发团社及领队联系，了解最新信息及确切情况，并告知导游。

2. 接待阶段

（1）旅游团抵达接待社所在地时，旅行社领导可视情况或亲自或委派接待部经理去拜访领队。一则表示重视，二则有利于全陪或地陪开展工作。

（2）旅行社可在当地对旅游团的接待工作进行现场抽查和监督，一般由接待部或质监部经理在事先不打招呼的情况下亲自到饭店、餐厅、景点等地方进行调查。

三、国内旅游团队的接待服务管理

旅行社的国内旅游团队接待服务管理程序和方法，亦按准备阶段、接待阶段和总结阶段进行。需要强调的是：有些国际社虽然也开展了国内游业务，但总不如像抓出境游、入境游那样重视；有些国内社虽然就是搞国内游业务，而且以团队接待为主，但不像抓销售那样重视。常常出现接待计划审核不严、导游配备不当、计调动态控制失灵等漏洞，给旅行社自身和旅游者的利益均带来不应有的损失。有一个典型案例可以说明此点：

据2003年8月13日《江南都市报》消息：8月11日下午2时50分，连云港至汉口的Y464次旅游专列即将发车，连云港市某旅行社黄××等5名导游发现自己带的一个60余名游客组成的旅游团还没进站，便请求专列迟发，被铁路方面拒绝。黄××等5名导游竟跑到火车前，站在铁轨中间，用身体挡住已经鸣笛准备开动的火车。驻站民警和客运职工果断地将5名导游推离，才避免了一场灾祸。民警调查后发现，旅行社的5名导游之所以要拦火车，是他们将旅游专列的发车时间记错了，导致该旅游团60余名游客未赶上车。黄××等5名导游被予以治安处罚（这篇报道的标题是《情急之下拦火车》）。

大家不妨就这一案例进行分析和研讨。

四、散客旅游接待服务管理

（一）散客旅游接待服务的特点

1. 构成繁杂

散客中既有来本地的境外、域外游客，也有本地去外地的游客。

2. 每次人少

每次光顾旅行社的散客多为1人至几人。

3. 累积量大

尽管每批人少，但散客市场规模日益扩大，在一定时间内的累积量却很大。

4. 预订期短

散客决定找旅行社，一般都要求提供快捷、方便的服务，不会等待很长时间。

5. 要求较高

散客明知通过旅行社购买所需的服务是不省钱的，图的是省心、省力、省时间而得到优质服务。

6. 变化较多

散客在购买旅行社的服务过程中或消费过程中，经常会因某种原因取消或中止旅游活动。

(二)散客旅游接待服务程序

1. 准备阶段

(1)除对口旅行社委托的散客接待外，其他散客本人或其代理人须填写“散客接待委托书”，明确委托服务的具体项目及要求。

(2)与散客本人或其代理人商定日程安排，包括具体项目的内容及价格。

(3)与散客本人或其代理人签订合同并收取费用。

(4)落实委托服务项目内容及导游。

2. 接待阶段

接待程序及服务规范参照全陪、地陪的相关规定和标准。但要多突出个性化服务原则。在人少时导游讲解以对话方式为宜，对临时组成的散客小包价旅游团(包括中外游客同乘团)因成员间互不相识，甚至语言不通等特点，要注意选派责任心强的导游。另外，导游要协助散客结清自费的消费项目。

3. 结束阶段

(1)处理可能存在的遗留问题。

(2)填写“接待零散旅游者登记单”。

(三)散客旅游接待服务管理

(1)旅行社要重视散客市场的巨大潜力和散客服务质量的长远影响。

(2)重视散客接待服务的基础性工作，如网络预订系统、产品组合的供应、专职及兼职导游的储备等。

(3)加强销售门市和接待计调及导游间的运作衔接与协调控制，确保快捷、高效、无误。

第五节 旅行社的行李业务管理

行李业务是旅行社接待业务的重要组成部分，行李业务管理是旅行社服务质量管理的重要内容，旅行社的管理者应认真做好行李业务管理工作。

一、全面理解旅行社行李业务的含义

(一)“行李”的有关概念

根据国际运输规则的解释，“行李”是指旅客在旅行中为了穿着、使用、舒适或方便的需要而携带的物品和其他个人财物。除另有规定者外，包括旅客的交运行李和自理行李。

“交运行李”指承运人已经填开行李票并由承运人负责照管的行李。

“自理行李”指不属于交运行李的、由旅客自行照管的任何行李。

按照这一解释来理解，旅行社的行李业务，就主要是指旅行社代旅游团(者)办理其"交运行李"的长途且委托运输手续的业务，即托运手续业务。

按照这一解释的延伸和旅行社接待业务的实际，旅游团(者)在短途转移中的"交运行李"是委托旅行社照管的，这期间的承运人是旅行社(主要指地接社)。

(二)旅行社行李业务的内容

旅行社的行李业务是指旅行社在接待服务过程中受旅游团(者)委托，直接承运或再委托他人承运(交运)行李的业务。

旅行社行李业务包括以下内容：

(1)行李的交接与确认。

(2)行李的承运与托运。

(3)交运行李的差错处理等。

二、落实本社行李业务部门和人员

(一)管理机构

旅行社要根据本社的接待规模和行李业务量来确定行李业务管理机构。规模和业务量较大的旅行社多在接待部下设行李部；次之则在计调部下设行李组；也有的只设专、兼职行李员。

(二)工作人员

包括管理员和行李员、行李车司机。前二者要办事特别认真，熟悉行李业务，有较强的沟通能力和一定的外语水平等。

三、熟悉交通部门的行李运输规定

民航、铁路、航运部门对乘坐飞机、火车、轮船的旅客自理行李和交运行李都各有相关规定，这些规定大致分为：对旅客免费携带自理行李的规定(如我国民航规定乘客自理行李重量不得超过5千克，体积在20厘米×40厘米×55厘米之内)，对旅客免费托运交运行李的规定，对旅客逾重行李承运的规定，对旅客托运行李封装安全的规定，对旅客行李中违禁物品的限制规定，对旅客办理行李托运手续和程序的规定，对特定旅客行李交运的优惠规定(如旅游团队的计重、计件行李可以合并计算)。

以上各种行李运输规定，旅行社的导游、行李员和行李业务管理人员都应具体掌握并遵照执行。

四、认真做好行李的交接和运送

行李的交接和运送是旅行社行李业务管理主要的环节和保证服务质量的关键。这就要靠旅行社派出的导游员和行李员通力合作，严格按照行李业务的程序操作并履行完备的交接手续。作为旅行社的行李员，在行李的交接和运送工作中应特别注意：

(1)行李员领取工作任务单后，要明确交接行李的时间、地点、行李状况、联系人等，落实并检查行李车并乘行李车按时抵达指定的地点。

(2)行李员在交接行李时，一定要有旅游者、导游(含领队、全陪、地陪)和承运或保管单位人员在场，几方人员当面清点、检查行李，核对无误后各方履行签字手续。若行李出现异常情况，则按行李差错处理程序进行。

(3)行李员在押运行李转移途中，要与司机配合，确保行李的安全。

(4)行李员在送站时,要积极协助旅游者及导游(含领队)办理行李的托运手续并欢送客人离开本地。

五、妥善处理行李差错

(一)行李差错的范围

行李差错是指在旅游活动过程中,旅游者交运行李在运输和交接过程中发生的丢失、损坏、迟到、误送等事故现象。从全面质量管理角度看,还应延伸到旅游者自理行李在旅行途中和住宿期间发生的丢失、损坏等现象。

(二)行李差错的责任

1. 交通部门

承运人因工作失误造成行李不能及时运抵目的地和行李出现丢失及损坏现象。

2. 旅行社

导游和行李员因工作失误造成托运行李交接失误、行李员在运送行李过程中出现行李丢失、损坏现象。

3. 下榻饭店

饭店行李员因工作失误在把行李送到旅游者下榻房间时出现错送、损坏、丢失现象;旅游者放在客房内或委托饭店保管的行李出现失窃、损坏等现象。

4. 旅游者

旅游者在旅行途中和在旅游活动中因对自理行李保管不善而出现的丢失、损坏等现象。

(三)行李差错的处理

第一,出现行李差错,无论是谁的责任,旅行社的导游和行李员都应向旅游者致歉,以稳定其情绪。

第二,积极寻找丢失的行李,不管哪种原因造成的行李丢失,旅行社的导游和行李员都要按线索尽快查找。在一时无法找回的情况下,要立即向旅行社有关领导汇报,根据领导指示,或向有关部门报案,或先与旅游者协商,帮其解决眼前的困难。

第三,按照行李差错的责任,协助旅游者索赔。其中属于旅行社的责任,应真诚地道歉并赔偿相应损失;属于交通部门和饭店的责任,应主动帮旅游者交涉;属于旅游者个人责任时,如其已办理了个人相关保险,应帮其出具相关证明。

第四,在旅游者离开本地时尚未处理完的行李差错遗留问题,旅行社应尽力协助其继续妥善处理,并将处理进程和结果及时向旅游者通报。

第五,所有重大行李差错的处理过程及结果都应写出报告,一是存档备查;二是从中总结经验教训;三是作为本社考核相关人员的凭据。

本章小结

接待是旅行社的主要业务和管理的重点、难点。旅行社接待管理的重点是对接待服务流程的标准化、规范化和制度化管理:计调人员对具体接待计划(含日程)的精心安排,接待资源的合理调配,意外情况的妥善处置等;导游人员的正确选择,培养和使用;对不同类型的团队和散客的规范化和个性化服务以及做好行李服务等。

思考与练习

1. 旅行社“接待”的含义是什么?

2. 旅行社计调业务是哪些内容？

3. 如何理解导游的双重职业角色身份？

4. 旅行社接待服务有哪几种形式？各有什么共同点和不同点？

5. 如何避免行李服务差错？

6. 针对本章案例，谈谈你的感想和看法。

第5章 旅行社财务管理知识

☞ 学习重点

- 旅行社财务管理的职能
- 旅行社应收款管理
- 旅行社综合服务费结算
- 旅行社财务比率分析法

财务是旅行社管理的重要组成部分，在旅行社经营管理活动中有着必不可少的特殊职能。财务拥有专门的机构和具有专业资格证书的财会人员开展日常业务，一般由旅行社的法定代表人直管。旅行社的所有员工都与财务工作有关联，特别是实行财务分级核算或相对独立核算的旅行社，其部门或单位的管理者更是承担着相应的财务管理责任。本章着重介绍旅行社财务管理的基本知识。

第一节　旅行社财务管理的概念

一、旅行社财务管理的含义

财务管理，俗称理财，是指旅行社及其法定代表人根据国家财经制度，组织旅行社财务活动，处理旅行社与各方面的财务关系的一项经济管理工作，是旅行社管理的重要组成部分。

财务活动：指旅行社以货币形式的资金收支活动的总称。包括融资、投资、经营、分配的理财活动。

财务关系：指旅行社在组织财务活动中与外部和内部之间所发生的关系。包括与国家、与投资者、与债权人、与被投资者、与债务人、与内部部门和单位及员工个人的关系等。

二、旅行社财务管理的特点

(一)综合性较强

一是涉及面较广，二是联系密切，三是业务繁复。

(二)灵敏度较高

能够及时敏锐地反映出外部的财务环境影响和内部的经营状况。

(三)现金结算

除有些情况采用信用往来外，基本是现金交易或结算。

三、旅行社财务管理的职能

(一)预测职能

从财务方面对旅行社未来发展趋势进行预测，内容主要有筹资、投资、收入、成本、费用、利润、分配、风险等。

(二)决策职能

在财务预测基础上,进行最佳财务决策,内容包括财务结构、资金筹措、配置、调度及合理运用等。

(三)计划职能

根据旅行社总体目标和计划要求和财务决策内容,制订相应的财务计划,包括经营中的收入计划、成本计划、费用计划、利润计划等。

(四)组织职能

财务组织职能包括设立财务机构,配备管理者和会计、出纳、稽核人员,确定管理方式及财务规章制度等。

(五)领导职能

指旅行社法人代表直接或委托分管者或财务机构管理者,运用高度集权的组织权力和采取适当手段,指挥财务活动的管理职能。

(六)控制职能

指旅行社法人代表对财务活动的调控行为。

四、旅行社财务管理的原则

(一)价值最大化原则

价值最大化是指旅行社财务通过合理经营管理资金,采用最优化财务决策,充分考虑资金的时间价值和风险价值,把长期稳定的发展和获利能力放在首位,重视在价值增长时处理好各方利益关系,从而使旅行社的市场价值达到最大化的程度。

(二)资金合理配置原则

一是注意旅行社的资金结构合理。

二是注意旅行社的资金收支平衡。

三是注意旅行社内外各种利益关系的协调。

(三)商业信用原则

商业信用亦称商业道德,是指企业或个人在商品交换过程中的诚信程度。旅行社在经营中,有时会以信用赊账,到时再结算还账。旅行社应十分注重自己的商业信用,否则失去信用,会招致严重的名誉损害和根本利益的损失。

五、旅行社财务管理机构

旅行社的财务管理机构如何设置要从自身的实际情况出发,有些规模很小的旅行社只有财务人员,不单独设机构,财务人员属行政办公室或后勤部门代管。绝大多数旅行社都单独设财务部;极少数特大型旅行社或旅行社集团公司还将财务机构设置为独立的法人财务管理公司,既为本旅行社或集团公务服务,又对社会提供财务业务服务。

国家对旅行社的财务人员的任职资格是有明确规定的。国家财经制度还规定,会计、出纳、稽核必须分设,不能同一人兼岗。

旅行社除按需要设置财务机构和按规定配备财务人员外,还要特别重视财务人员的素质要求,既要注重他们的业务素质提高,更要注重他们的思想品德、工作态度和组织纪律,防止个别人的违纪犯法行为。同时,还要注意发挥他们在经营管理中的理财特长和参谋顾问作用。

第二节 旅行社的资产管理

资产管理是旅行社财务管理的一项重要工作。所谓资产,是指旅行社拥有的全部资本的具体化和借以开展经营并获取收益的凭借。旅行社的资产包括固定资产、流动资产、无形资产和递延资产,一般以流动资产所占比例最大。

一、旅行社的固定资产管理

(一)旅行社固定资产的概念

固定资产是指使用年限在1年以上,单位价值在2000元以上,能在使用过程中保持原有实物形态的资产。旅行社的固定资产包括自有的房屋建筑、设施设备、机动车辆等。

(二)旅行社固定资产的管理内容

1. 对固定资产投资的管理

如兴建或购买办公用房、添置大件办公设备、运输车辆等。

2. 对固定资产折旧的管理

固定资产都有使用寿命期,国家对企业的不同固定资产允许按规定的折旧年限计提折旧费,列入间接成本,旅行社要确定固定资产折旧计提的方法、年限和折旧率。

旅行社固定资产的管理内容还包括对固定资产使用的管理及对固定资产转让、报废的管理等。

(三)旅行社固定资产的日常管理

在固定资产的寿命期内,既要通过维护、保养而保持固定资产的完好率,又要充分利用,提高固定资产的有效利用率,这便是固定资产使用管理的原则。

旅行社为了加强对固定资产安全、有效的管理,可主要采用分口分级管理和财务制度管理的方法。

1. 分口分级管理

分口分级管理即把固定资产的使用权和管理责任落实到相关部门、基层、使用人,严格控制维修费用。

2. 财务制度管理

财务制度管理即制定出固定资产管理制度和财务监督办法,经旅行社审定后颁布执行。如盘点制度、账卡登记制度、非正常损坏追究制度。

此外还可采用利用率分析法,还有的要投保(如房屋、车辆)。

二、旅行社的流动资产管理

(一)旅行社流动资产的概念

流动资产是指旅行社在经营过程中短期置存的资产,包括现金(含银行存款及可变现的有价证券)、应收款、存货。投放在流动资产上的资金称为流动资金。

(二)旅行社的现金管理

现金管理是流动资金管理乃至财务管理的重点,一般采用以下方法进行管理。

1. 编制现金收支计划

现金收支计划是旅行社预计未来一定时期现金收支状况并进行资金平衡的有效计划,体现了增收节支、量入为出、收支平衡、应有节余的财务原则。

2. 确定最佳的现金余额

旅行社的现金太少会影响经营周转，太多又会造成现金闲置和浪费。最佳现金余额要视情况分为库存现金额、银行存款额、有价证券额。除此，真正富余的资金应选择合适的中、长期投资项目。

3. 控制现金的使用

依据国家现行财经制度，对旅行社现金使用有如下规定：

(1)旅行社必须在所在地的银行开户。

(2)旅行社提取和使用现金的范围主要有：支付职工工资、各种工资性津贴、奖金和劳务报酬；支付各种劳保、福利费及国家规定的对个人的现金支出；出差人员必须携带的差旅费；结算起点在1000元以下的零星支出；确需支付现金的其他支出。

(3)旅行社应将当日现金收入存入开户银行，现金支出不得坐支，即不得从本企业的现金收入中直接支付，如因特殊情况需要坐支现金，须报开户银行审核批准。

(4)旅行社不得收款不入账，不得保存账外公款，不得公款私存，不得设立"小金库"等。

(5)旅行社不得出借、出租银行账户，不得签发空头支票和远期支票，不得套用银行信用。

(三)旅行社应收款的管理

应收款是指旅行社外销产品、供应服务或其他原因而应向购买方收取的款项。随着市场经济的发展和商业信用的推广，旅行社应收款现象明显增多，由此形成的"三角债"和纠纷乃至诉讼也相应增多，成为流动资金管理中一个非常重要也非常棘手的大问题。

旅行社应收款问题主要是一些接待社迫于竞争压力很难坚持"先收费、后接待"的原则，待他们接待完组团社的旅游团后，往往不能及时收到对方的付款，而这期间旅行社被占用的资金过多，就成了危险性较大的应收款，最终收不回来的便成为坏账、死账。

为了既争取客源，又尽量减少应收款风险，旅行社应采取相应对策。

1. 制定应收款政策

应收款政策亦称信用政策，包括信用标准、信用条件和收账政策。

信用标准是以预期的坏账损失率为判别向不同客户提供商业信用的基本标准。如果信用标准严，坏账率就低，但销售额或业务量将降低；信用标准宽，虽可增加销售额或业务量，但会增加坏账损失。

信用条件是指要求客户支付赊账款项的条件，包括信用期限、折扣期限和现金折扣等。

收账政策是指信用条件被违反时，旅行社的收账策略。即权衡增加收账费用和减少坏账损失之间的关系(得失)。

2. 调查客户的信用状况

在信用政策确定后，旅行社应通过直接和间接的渠道对客户的信用状况进行调查和评价，以确定是否同意客户赊账和赊账条件。

3. 确定收账程序

旅行社收账的程序一般是：

信函通知——电话催收——派人面谈——法律行动。

4. 采用合法且有效的收账方法

债务人拖欠旅行社应收款的原因大致分为无力偿还和故意拖欠赖账两类。前者又可分为暂时资金困难和面临破产两种。对暂时的困难，旅行社可视情况采取"拉一把"或"缓一步”的方法;对面临破产的情况应及早向法院起诉,以期在破产清算时得到债权的补偿;对故意拖欠者应采用合情合理合法的讨债方法,尽快收回欠款。

三、旅行社的无形资产管理

无形资产是指旅行社所拥有的、可长期使用但没有实物形态的资产。这种无形资产能使旅行社在一定时期内获得高于同行一般盈利水平的超额利润。

旅行社的无形资产主要有:品牌商标权。如2002年,“中国旅行社”品牌已正式得到国家工商总局保护,主要指旅行社的产品及服务质量、管理水平、财务实力、信守承诺等商业信誉得到社会特别是旅游者的信赖。另外,国有土地使用权、品牌经营特许权、知识产权等都属无形资产。

由于旅行社的无形资产形态特殊,其价值的评估和盈利能力分析、计算较为复杂,加之须长期培植才能形成,属远期的战略投资,所以并非所有的旅行社都重视这种资产。

四、旅行社的递延资产管理

递延资产是指不能全部计入当年损益,应在以后年度内分期摊销的各项费用。包括旅行社的开办费、租入固定资产的改良开支以及摊销期限在1年以上的大宗低值易耗品等。

第三节 旅行社的收支管理

本节只介绍旅行社主营业务(为旅游者提供各种旅游服务的经营业务)的收支管理,不含主营之外的其他业务。

一、旅行社营业收入管理

(一)旅行社营业收入的构成

1. 综合服务费收入

指为旅游团(者)提供综合服务所收取的费用,包括导游服务费、餐饮费、短途交通费、组团费、行李接送费等。

2. 房费收入

指为旅游团(者)代订饭店客房住宿的费用。

3. 长途交通费收入

指为旅游团(者)代购乘坐长途交通工具的票款。

4. 附加费收入

指向旅游团(者)收取的汽车超公里费、风味餐费、游江(湖)费、文娱费、游览门票费等。

5. 单项服务收入

指接待散客及委托代办事项取得的收入。

此外,旅行社的营业收入还包括其他正当收入。

(二)旅行社收入管理的原则

1. “责权发生制”原则

“责权发生制”原则是国家对会计制度的一种规定:凡在本会计期间发生的收入和支出,均作为本期的收入和支出。收入一经确认,即视为营业收入的实现。

据此规定,旅行社接待旅游团(者)时,只要是按合同规定提供了相应服务和已经从组团社或委托社收到价款或取得了收取价款权利的有效证据,即可确认获得了营业收入。

2. 收入实现时间的界定原则

根据国家有关规定,对旅行社营业收入实现时间的界定原则应该是:

(1)入境旅游以旅游团(者)离境或离开本地计算。

(2)出境旅游以旅游团(者)返回原出发地计算。

(3)国内游的组团社以游客返回原出发地、接待社以游客离开本地计算。

3. "先付费、再接待"原则

这是国家旅游局参照国际惯例而确定的一项规定性原则。

此外还有及时足额收回应收款原则。

二、旅行社的营业支出管理

(一)旅行社营业支出的构成

1. 营业成本

营业成本是指旅行社在组织接待服务过程中发生的各项直接支出,主要是代收后代付的费用,包括房费、餐费、交通费、文娱费、票务费、门票费、陪同费、劳务费、宣传费等。

2. 营业费用

营业费用指旅行社围绕营销和接待服务发生的各种支出费用,包括人员工资(含福利、奖金、津贴、补贴)、差旅费、广告宣传费、燃料费、运输费、装卸费、低值易耗品摊销等。

3. 管理费用

管理费用是指旅行社在组织和管理整体运营活动中所发生的各种支出费用,包括办公费、工会经费、教育经费、各种保险费、各种活动经费、土地使用费、税金、折旧费、修理费、无形资产和低值易耗品摊销、开办费摊销、坏账损失等。

4. 财务费用

财务费用指旅行社为筹资及使用资金而发生的支出费用,包括利息净支出、汇兑净损失、银行手续费等。

(二)旅行社营业支出的分类

旅行社的营业成本和各种费用统称为支出成本,按不同标准可以有不同分类。

(1)按功能分为直接成本和间接成本。

(2)按变量分为固定成本与变动成本。

(3)按责任分为可控成本与不可控成本。

(三)旅行社支出管理的方法

1. 制订成本费用消耗计划

在不降低服务质量的前提下,旅行社要确定成本费用的开支标准、数量、价格、奖惩办法等。

2. 实行分级定额管理法

旅行社的支出计划确定后,实行计划分解,划小核算单位,实行分级管理,有的还要责任落实到人。

3. 实施全面支出控制

旅行社的各级管理者要加强对员工的增收节支意识教育,通过规章制度约束和财务人员把关等进行全方位、全过程、全体人员参与的支出控制。

4. 采用团队成本(费用)核算制度

现在绝大多数旅行社都实行了单团核算和部门批量核算制度。

(1)单团核算

单团核算是指旅行社以接待每一个旅游团(者)为核算对象进行经营盈亏的核算。其优点是有利于考核每个团队的经济效益;有利于各种费用的清算和考核;有利于降低成本;缺点是财务的核算工作量较大。一般适用于接待量不很大的旅行社。单团成本(利润)核算表格式参见表5-3-1。

表5-3-1 旅行社单团成本(利润)核算表

××国际旅行社

单团成本(利润)核算表

年 月 日

旅行团名			陪同	
线路			组团社	
人数		天数	确认报价	元/人计:
抵离时间	月 日 时乘 抵 至 月 日 时乘 赴			
活动成本支出情况	房费		火车(机票)费	
	餐费		购票手续费	
	门票费		保险费	
	超公里租车费		机场税	
	路桥费停车费		差旅费	
	名单费		证件费	
	经批准支付的小(杂)费		签证费	
成本总计			其他费用	
毛利			总经理签名	
未付团款				

第一联:存根(白) 第二联:旅行社主管留存(红) 第三联:财务留存(蓝)

(2)部门批量核算

部门批量核算是指旅行社业务部门在规定期内以接待的旅游团(者)的批量为核算对象进行的核算。它虽不及单团核算那样及时、详细,但也能反映出旅行社收支盈亏的状况,为经营管理提供较为准确的依据。此法适用于业务量较大的旅行社。批量核算表格式参见表5-3-2。

表5-3-2 旅行社批量核算表

××旅行社　　年　　月团队核算汇总表

序号	团　号	人数	抵离时间	线　路	营业收入	营业成本	未收款	未付款	毛利	组团社	陪　同	备　注

第四节　旅行社结算及利润管理

一、旅行社的结算管理

(一)旅行社结算的概念

旅行社结算是指旅行社与业务往来单位(特别是对接旅行社)或个人之间发生的货币收付行为。货币收付包括现金结算和信用结算两种方式。

(二)旅行社结算的内容

旅行社结算分一般情况下的综合服务费结算及其他旅游费用结算和特殊情况下的跨季节结算、等级变化结算、短暂停留结算等内容。

1. 综合服务费结算

综合服务费结算业务包括审核结算内容和确定结算方式(标准)两个方面。综合服务费一般的结算方法是:

综合服务费 = 实际接待旅游者人数 × 实际接待天数 × 人天综合服务费价格

综合服务费结算方式目前有国旅、中旅、青旅三大系统的标准。

(1)国旅标准。是按旅游者用餐地点划分综合服务费结算比例的结算办法。如表5-4-1所示:

表5-4-1　国旅综合服务费结算标准

地　　点	综合服务费(扣除餐费),%
用早餐(7时)	33
用午餐(12时)	34
用晚餐(18时)	33

(2)中旅标准。是按抵离时间分段划分综合服务费的结算办法。如表5-4-2所示:

表5-4-2　中旅综合服务费结算标准

抵达当地时间	百分比,%	离开当地时间	百分比,%
0:01—9:00	100	0:01—9:00	20
9:01—11:00	85	9:01—11:00	30
11:01—13:30	70	11:01—13:30	60
13:31—17:00	45	13:31—17:00	80
17:01—19:30	35	17:01—24:00	100
19:31—24:00	15		

(3)青旅标准。是按照旅游者停留小时划分综合服务费结算比例的结算办法。如表5-4-3所示:

表 5-4-3　青旅综合服务费结算标准

停留小时数	综合服务费(扣除餐费)
4 小时以内	按 10 小时结算
4—10 小时	按 15 小时结算
11—18 小时	按 18 小时结算
18 小时以上	按实际停留小时结算
去外地一日当天返回驻地的外地接待旅行社	按 16 小时结算

2. 其他费用结算

包括房费、餐费、长途交通费、门票费、专项附加费等。其中：

(1) 房费 = 实际房间数 × 实际过夜数 × 房价

如果出现标间因人数成单而出现自然单间，应按事先约定由组团社或地接社承担。

饭店业惯例中午 12 时过后至 18 时加收半天房费，超过 18 时晚上不住也要算一天，应提前办理退房手续。

(2) 餐费 = 用餐人数 × 用餐次数 × 用餐标准

(三) 旅行社结算的凭据

旅行社与往来单位的结算凭据最主要的是共同认可的"费用结算通知书"(或费用结算通知单)。该书单一般一式两份或三份。如表 5-4-4 所示：

表 5-4-4　旅行社费用结算书(单)

××旅行社旅行团费用结算通知书

______(台核)　　　　编号：

旅行团名称		总编号		来自国家(地区)		实有人数	
应收综合服务费标准	旅行团　　等　　级　　成人：　　人，每人每天　　元						
	儿童：两周岁内　　人，　　%；五周岁内　　人，　　%						
	十二周岁内　　人，　　%						
	结　算　项　目					结算金额	核定金额
综合服务费	月　日　时　分乘　抵达用　餐按　%						
	月　日至　月　日共　天　按 100%						
	月　日　时　分用　餐后乘　离开按　%						
	住　饭店，收房费　元，　天，　间						
	住　饭店，收房费　元，　天，　间						
	住　饭店，收房费　元，　天，　间						
	住　饭店，收房费　元，　天，　间						
	住　饭店，收房费　元，　天，　间						

第三联：接办社存查

续表

旅行团名称		总编号		来自国家(地区)		实有人数	
附加费							
	增收去　　的超里程汽车费						
	风味餐费						
	预订房手续费　　人　　天　　元						
	超时调剂费　　超　　小时　　人						
垫付款	赴　飞机/火车票/轮船　张　元,儿童票　张　元						
	购票手续费						
	乘火车行李托运费						
	全陪住房费　标准　元　天						
	全陪赴　飞机、火车、轮船票						
合计	人民币	结算金额		外汇券	结算金额		
		核定金额			核定金额		
	大写金额　万　千　百　拾　元　角　分						
备注							

第三联：接办社存查

开户银行　　　　　　　　　　复核______　制表______

账　号　　　　　　　　　　　　年　月　日(公章)

(四)旅行社结算的付款方式

国际结算通常用汇付法,即汇款结算方式,分电汇、信汇、票汇等。

国内结算常采用银行间转账的形式。

(五)旅行社结算管理的控制

旅行社的结算业务主要由财务人员会同销售和接待人员处理,旅行社的主要管理者和相关部门的管理者主要是确定结算的原则和进行必要的控制。

1. 签订好结算协议

旅行社同相关单位(主要是饭店、餐馆、旅行社、参观游览单位)以信用结算时,应事先商定并签署结算协议。双方约定好结算内容、标准、程序、方法以及结算通知书(单)样本格式。

2. 管理好结算单

结算单是旅行结算的主要凭据,应由财务部监管印制并由计调部控制,导游按接待计划需要领取。导游按旅游团(者)实际消费情况填写并签字(必要时还需要对接社导游签字)。结算时,财务人员还要认真稽核。

此外还要督促结清应收款，控制欠款规模，控制结算付款时间。

按照结算协议，掌握最佳付款时间——以对方提供的优惠条件和最后期限与银行同期利息对比而定。

二、旅行社的利润管理

（一）旅行社利润的概念

利润是指旅行社在一定时期内经营活动所取得的最终财务结果，是各种收入和各种支出相抵后的净结余，是经营活动效率、效能、效果和效益的集中体现，是考核、衡量经营业绩的最主要指标。

（二）旅行社利润的构成

旅行社的利润由营业利润、投资净收益和营业外净收入构成，其中最主要的利润是主业经营利润，即营业收入净额。

（三）旅行社利润的分析

利润分析是指旅行社根据本期利润计划与本期利润实现情况进行对比后运用因素分析法作出的评价，主要包括利润总额分析和利润总额构成因素分析，重点是营业利润分析。

因素分析法是通过计划指标与实际完成对比后，分析、找出影响利润实现的因素，采取相应措施，加强管理，为进一步增加经营利润指明方向的方法。一般由财务人员进行初步分析。

（四）旅行社利润管理的过程

1. 制定目标利润计划，实行经营过程的控制

这种控制一般采用量本利法，即按计划完成或超额完成营业额（收入量）；按计划保持或减少各种成本费用支出；收支相抵确保或提高纯利润（净收入）。

2. 利润的有效确认

利润的确认取决于对收入和支出的确认。根据国家现行规定，利润的确认应该是：在以权责发生制和实现原则确认收入、以权责发生制和划分收益性支出与资本性支出的原则划分费用的基础上，根据匹配原则确定企业各个会计期间的利润。旅行社确认利润时一定要真实、可靠、合法、有效，绝不能以某些站不住脚的理由或借口去故意虚报或瞒报利润。

3. 合理分配利润

利润的分配必须按国家的相关规定执行。因旅行社的制度不同（大致分为股份制度和非股份制度），其利润的分配办法和顺序既有相同之处，又有不同之处。

相同处：

（1）弥补被没收的财务损失和各种税收的滞纳金、罚款。

（2）弥补以往年度的亏损。

不同处：

股份制旅行社的利润分配顺序是：

（1）在向国家缴纳所得税后，首先提取公益金（用于职工集体性福利的资金）。

（2）支付优先股股利。

（3）提取任意盈余公积金。

（4）支付普通股股利。

非股份制旅行社的利润分配顺序：

(1)提取法定盈余公积金。

(2)提取公益金。

(3)向投资者分配利润。

第五节 旅行社的财务分析

一、旅行社财务分析的概念

(一)旅行社财务分析的含义

财务分析是指旅行社利用会计核算提供的有关信息(主要是财务报告和报表)，运用专门的方法对旅行社的财务状况和经营成果进行研究和评价，从而进行财务管理的一种管理方法和管理环节。

(二)旅行社财务分析的作用

1. 对内

通过财务分析，可以使旅行社的管理者及时了解、掌握目前的经营成果和财务状况，以便更好地改善和加强经营管理，调整经营决策或行动步骤并预测未来发展趋势，同时也有利于员工参与民主理财活动。

2. 对外

可以使社会有关部门和单位更准确地了解和判断旅行社的经营状况和综合能力，以便更好地关心、支持和监督旅行社的经营管理工作(旅行社财务中属商业秘密部分只提供给相关政府部门或机关)。

(三)旅行社财务分析的方法

旅行社财务分析的方法有比较财务分析法和综合财务分析法两大类。具体又分为构成分析法、比率分析法、比较分析法、趋势分析法、因素分析法、图表分析法等。这些方法属于财会专业性的分析，旅行社管理者不一定都要求精通，但应该学会看懂、弄懂财会人员利用各种分析法分析后制作出的财务报告、报表。

二、旅行社的财务报表

旅行社的财务报表有多种，主要的有资产负债表、损益表、现金流量表。

(一)资产负债表

资产负债表是反映旅行社在某一具体日期财务状况的报表。其编制依据是会计等式：

资产=负债+所有者权益

负债是指旅行社所承担的能以货币计量，需以资产或劳务偿付的债务，包括流动负债和长期负债。

所有者权益是指旅行社投资者对旅行社净资产的所有权。

资产负债表提供了旅行社在某一具体时期的资产结构、资产流动性、资金来源、负债水平、负债结构等财务信息，反映了旅行社的资产变现能力、偿还债务能力和资产管理水平，为旅行社的投资者和管理者提供了重要的决策依据。

资产负债表由财政部门统一设计印制，由旅行社据实填报。样表如表5-5-1所示：

表 5－5－1　资产负债表

编制单位：××旅行社　　　　年　月　日　　　　会　服：年 01 表

金额单位：元

资产	行次	年初数	期末数	负债及所有者权益	行次	年初数	期末数
流动资产				**流动负债**			
货币资产				短期借款			
短期投资				应付账款			
应收票据				预收账款			
应收账款				其他应付款			
减：坏账准备				应付工资			
应收账款净额				应付福利费			
其他应收款				未交税金			
预付账款				未付利润			
存货				其他应交款			
待摊费用				预提费用			
待处理流动资产净损失				1 年内到期的长期负债			
1 年内到期的长期债券投资				其他流动负债			
其他流动资产							
流动资产合计				流动负债合计			
长期投资				**长期负债**			
长期股权投资				长期借款			
长期债权投资				应付债券			
固定资产				长期应付款			
固定资产原价				其他长期负债			
减：累计折旧				其中：住房周转金			
固定资产减值准备				长期负债合计			
固定资产净值							
在建工程				**递延税项**			
固定资产清理				递延税款贷项			
固定资产合计				负债合计			
无形资产及其他资产				**所有者权益**			

续表

资产	行次	年初数	期末数	负债及所有者权益	行次	年初数	期末数
无形资产				实收资本			
长期待摊费用				资本公积			
其他长期资产				盈余公积			
无形资产及其他资产合计				其中:公益金			
递延税项				未分配利润			
递延税款借项				所有者权益合计			
资产总计				负债及所有者权益合计			

制表人: ××省财政厅统一印制

(二)损益表

损益表,亦称收益表、利润表,是反映旅行社在一定期间的经营成果及分配情况的报表。编制损益表的依据是会计等式:

利润＝总收入－总支出(成本、费用)

损益表提供了旅行社利润的完成情况、获利能力及利润增减变化的原因等财务信息,能使旅行社的管理者及外部相关的对象据此了解旅行社的获利能力以及预测旅行社利润的增长趋势。

损益表由政府财政部门统一设计制作,旅行社据实填报。样表如表5－5－2所示:

表5－5－2 损益表

会 服:年02表

编制单位:××旅行社 年度 金额单位: 元

项 目	行次	上年数	本年数
一、汇编企业户数	1		
二、营业收入	2		
减:营业成本	3		
营业费用	4		
营业税金及附加	5		
三、经营利润	6		
加:其他业务利润	7		
减:管理费用	8		
财务费用	9		
四、营业利润	10		

续表

项　目	行次	上年数	本年数
加:投资收益	11		
补贴收入	12		
营业外收入	13		
减:营业外支出	14		
加:以前年度损益调整	15		
五、利润总额	16		
减:所得税	17		
六、净利润	18		

制表人:　　　　××省财政厅统一印制

(三)现金流量表

现金流量表是旅行社在一定会计期间现金及现金等价物流入和流出数量状况的会计报表,主要向旅行社领导和社会有关部门报送。旅行社内外的相关人员可以通过现金流量表,了解、分析旅行社获取现金和现金等价物的能力,从而对旅行社的整体经营状况和财务状况作出客观评价。

自1998年起,国家财政部规定现金流量表样表如表5-5-3所示:

表5-5-3　现金流量表

会服:年03表

编制单位:××旅行社　　　　年度　　　　金额单位:　元

项　目	行　次	金　额
一、经营活动产生的现金流量		
销售商品、提供劳务收到的现金	1	
收到的租金	2	
收到的增值税销项税额和退回的增值税款	3	
收到的除增值税以外的其他税费退还	4	
收到的其他与经营活动有关的现金	5	
现金流入小计	6	
购买商品、接受劳务支付的现金	7	
经营租赁所支付的现金	8	
支付给职工以及为职工支付的现金	9	
支付的增值税款	10	
支付的除增值税、所得税以外的其他税费	11	
支付的其他与经营活动有关的现金	12	
现金流出小计	13	

续表

项　目	行　次	金　额
经营活动产生的现金流量净额	14	
二、投资活动产生的现金流量		
收回投资所收到的现金	15	
分得股利或利润所收到的现金	16	
取得债券利息收入所收到的现金	17	
处置固定资产、无形资产和其他长期资产而收到的现金净额	18	
收到的其他与投资活动有关的现金	19	
现金流入小计	20	
购建固定资产、无形资产和其他长期资产所支付的现金	21	
权益性投资所支付的现金	22	
债权性投资所支付的现金	23	
支付的其他与投资活动有关的现金	24	
现金流出小计	25	
投资活动产生的现金流量净额	26	
三、筹资活动产生的现金流量		
吸收权益性投资所收到的现金	27	
发行债券所收到的现金	28	
借款所收到的现金	29	
收到的其他与筹资活动有关的现金	30	
现金流入小计	31	
偿还债务所支付的现金	32	
发生筹资费用所支付的现金	33	
分配股利或利润所支付的现金	34	
偿付利息所支付的现金	35	
融资租赁所支付的现金	36	
减少注册资本所支付的现金	37	
支付的其他与筹资活动有关的现金	38	
现金流出小计	39	
筹资活动产生的现金流量净额	40	
四、汇率变动兑现金的影响额	41	
五、现金及现金等价物净增加额	42	
补充资料		
1. 不涉及现金收支的投资和筹资活动		
以固定资产偿还债务	43	
以投资偿还债务	44	
以固定资产进行投资	45	

续表

项　目	行　次	金　额
以存货偿还债务	46	
2. 将净利润调节为经营活动的现金流量		
净利润	47	
加:计提的坏账准备或转销的坏账	48	
固定资产摊销	49	
无形资产摊销	50	
处置固定资产、无形资产和其他长期资产的损失(减:收益)	51	
固定资产报废损失	52	
财务费用	53	
投资损失(减:收益)	54	
递延税项贷项(减:借项)	55	
存货的减少(减:增加)	56	
经营性应收项目的减少(减:增加)	57	
经营性应付项目的增加(减:减少)	58	
增值税增加净额(减:减少)	59	
经营活动产生的现金流量净额	60	
3. 现金及现金等价物净增加情况		
现金的期末余额	61	
减:现金的期初余额	62	
加:现金等价物的期末余额	63	
减:现金等价物的期初余额	64	
现金及现金等价物净增加额	65	

制表人:　　　　××省财政厅统一印制

三、旅行社的财务分析报告

旅行社财务机构负责人要经常召集财务人员进行财务分析,并形成旅行社财务分析报告,呈送总经理及有关部门的管理者,财务分析的方法有多种,本节着重利用比率分析法从以下几个方面内容进行分析。

(一)旅行社偿债能力分析

偿债能力是指旅行社偿还各种到期债务的能力。偿债能力分析可以揭示旅行社的财务实力和风险程度,是旅行社管理者、债权人、投资者十分重视的一种财务分析内容。

偿债能力分析包括短期和长期两种偿债能力分析。

1. 短期偿债能力分析

是指旅行社偿付流动负债(如应付款)的能力。流动负债须以流动资金(现金)来偿付。通过旅行社负债和流动资金之间的比率来判断短期偿债能力。常用的比率分析有:

(1)流动比率(流动资产与流动负债的比率)

$$公式:流动比率=\frac{流动资产}{流动负债}\times 100\%$$

分析：流动比率越高，偿债能力越强。但过高则说明流动资产利用率不高，一般认为流动比率在200%左右为宜。

(2)速动比率(速动资产与流动负债的比率)

$$公式:速动比率=\frac{速动资产}{流动负债}=\frac{流动资产-存货}{流动负债}\times 100\%$$

分析：速动比率越高，说明短期偿债能力越强。一般认为速动比率为100%较为合适。

(3)现金比率(现金资产与流动负债的比率)

$$公式:现金比率=\frac{现金+现金等价物}{流动负债}\times 100\%$$

分析：现金比率高，说明短期偿债有保障，但过高则说明资金没能充分利用。一般认为现金比率在15%～25%较合适。

2. 长期偿债能力分析

长期偿债能力是指旅行社偿还长期负债的能力。旅行社的投资者和长期债权人不仅关心短期偿债能力，更关心其长期的偿债能力。

(1)资产负债率

资产负债率即负债总额与资产总额的比率，亦称负债比率或举债经营比率，它反映旅行社资产总额中债务所占比重

$$公式:资产负债率=\frac{负债总额}{资产总额}\times 100\%$$

分析：资产负债率越高，说明偿还债务的能力越差，一旦资产负债率超过100%，说明已是资不抵债。反之，资产负债率过低，虽说明旅行社偿债能力强，财务风险小，但同时也说明旅行社决策者比较慎重(保守)，靠自己慢慢积累发展，而不敢适当举债扩大投资经营。

据《中国旅游年鉴》统计，2002年全国旅行社资产总额为412.25亿元，负债总额为27.64亿元，资产负债率为6.7%，大家不妨对这一状况进行分析。

(2)所有者权益比率

亦称资产股权比率，是指旅行社资产所有者(股东)权益与资产总额的比率

$$公式:所有者权益比率=\frac{所有者权益总额}{资产总额}\times 100\%$$

分析：所有者权益比率越大，资产负债率越低，偿还长期债务的能力就越强。

(3)产权比率

亦称负债股权比率，指负债总额与股东权益总额的比率

$$公式:产权比率=\frac{负债总额}{股东权益总额}\times 100\%$$

分析：产权比率低，说明长期财务状况好，风险小，偿还长期债务能力强。

3. 突发偿债能力分析

旅行社短期和长期的偿债能力分析均可从相关统计资料和财务报表中看出，但统计和报表无法反映而又可能突然出现的债务在财务分析报告中也应考虑。突发偿债的可能有：

(1)突发事故的赔偿。

(2)诉讼案件的败诉赔偿。

(3)担保连带责任赔偿。

(4)违规或过失造成的罚(金)没(收)等。

(二)旅行社营运能力分析

营运能力是指旅行社资金利用效率,即资金周转的速度及其有效性。通过营运能力分析,可以得知旅行社的营业状况和管理水平。评价旅行社营运能力的财务比率主要有:

1. 应收款周转率

应收款周转率是指旅行社在一定时期赊账收入净额与应收款平均余额的比率,它反映了应收款的周转速度。

$$\text{公式:应收款周转率}=\frac{\text{赊账收入净额}}{\text{应收款平均余额}}\times 100\%$$

$$\text{其中:应收款平均余额}=\frac{\text{初期应收款余额}+\text{期末应收款余额}}{2}$$

分析:应收款周转率越高,说明催收账款的速度越快,坏账损失越少,资金流动性强;说明旅行社制定的信用政策、标准和付款条件比较严。反之,说明信用政策过宽、催款速度慢、坏账风险大。

2. 流动资产周转率

流动资产周转率是指旅行社营业收入与流动资产平均余额的比率,它反映的是全部流动资产的利用效率。

$$\text{公式:流动资产周转率}=\frac{\text{营业收入}}{\text{流动资产平均余额}}\times 100\%$$

$$\text{其中:流动资产平均余额}=\frac{\text{期初流动资产}+\text{期末流动资产}}{2}$$

分析:流动资产周转率表明在一个会计年度内旅行社流动资产周转的次数,次数越多,比率越高,说明流动资产的利用效率越好。

3. 固定资产周转率

亦称固定资产利用率,或固定资产销售率,是指旅行社营业收入净额与固定资产平均净值的比率。

$$\text{公式:固定资产周转率}=\frac{\text{营业收入净额}}{\text{固定资产平均净额}}\times 100\%$$

$$\text{其中:固定资产平均净额}=\frac{\text{期初固定资产}+\text{期末固定资产}}{2}$$

分析:固定资产周转率越高,说明固定资产的利用率越高,管理水平越好。

4. 总资产周转率

亦称总资产利用率,是指旅行社营业收入净额与资产平均总额的比率。

$$\text{公式:总资产周转率}=\frac{\text{营业收入净额}}{\text{资产平均总额}}\times 100\%$$

$$\text{其中:资产平均总额}=\frac{\text{期初资产总额}+\text{期末资产总额}}{2}$$

分析:总资产周转率过低,说明旅行社经营效率较差,已严重影响获利能力。对此,需要大幅度提高营业收入,或及时妥善处置不良资产,或二者统筹考虑。

(三)旅行社获利能力分析

获利能力是指旅行社赚取利润的能力。获利能力进行常用以下几种比率进行。

1. 营业利润率

营业利润率是指旅行社利润总额与营业收入净额的比率，它表明在一定时期内每1元的营业净收入能够产生的利润是多少。

$$公式:营业利润率=\frac{利润总额}{营业收入净额}=\frac{利润总额}{营业总收入-营业总成本}\times 100\%$$

分析：营业利润率越高，说明旅行社通过扩大营业额获得利润的能力越强。

营业利润率还可分解为若干具体比率指标，如：

(1)$毛利率=\frac{营业收入-营业成本}{营业收入}\times 100\%$

(2)$营业收入利税率=\frac{利税总额}{营业总收入}\times 100\%$

(3)$分配前利润率=\frac{净利润+工资奖金}{营业总收入}\times 100\%$

(4)$纯利润率=\frac{利润-所得税}{营业总收入}\times 100\%$

2. 成本费用利润率

成本费用利润率是指旅行社的利润总额与成本费用总额之间的比率，它反映了旅行社在经营过程中为取得利润而消耗的成本费用情况。

$$公式:成本费用利润率=\frac{利润总额}{成本费用总额}\times 100\%$$

分析：成本费用利润率越高，说明旅行社付出的成本费用越低，获利能力越强。

3. 资产利润率

资产利润率是指旅行社利润与资产平均占用额之间的比率，它表明每1元资产所获得的利润是多少。资产利润率按不同资产分类有几种计算方式：

(1)$总资产利润率=\frac{利润额}{平均资产总额}\times 100\%$

(2)$流动资产利润率=\frac{利润额}{流动资产平均占用总额}\times 100\%$

(3)$固定资产利润率=\frac{利润额}{固定资产平均占用总额}\times 100\%$

分析：资产利润率与营业利润率、资产周转率成正比。要增强资产获利能力，提高资产利润率，应同时增加营业收入和提高资产使用效率。

4. 资本金利润率

资本金利润率是指旅行社利润额与资本金总额的比率，它反映了每1元资本金所获得利润的多少，用以衡量投资者投入旅行社资金的获利能力。

$$公式:资本金利润率=\frac{利润总额}{资本金总额}\times 100\%$$

分析：资本金利润率越高，说明旅行社的获利水平越高。当资本金利润大于银行贷款利率时，旅行社可采取适度举债经营策略；反之，则说明举债经营的风险，应适度减少负债。

本章小结

财务是旅行社管理的重点,在旅行社经营管理中起着重要的职能作用。旅行社的管理者要有财务头脑,精于理财之道,依靠财务人员专业理财和全社员工民主理财,开源节流,增加利润,提高自我发展能力。

思考与练习

1. 旅行社的资产有哪几种?
2. 旅行社应如何处理应收款?
3. 你对旅行社增收节支管理有何高见?
4. 怎样看懂财务报表?

第 6 章 旅行社人力资源管理知识

学习重点

- 旅行社人力资源的开发和利用
- 旅行社规章制度的制定
- 旅行社员工绩效考评
- 旅行社员工报酬管理
- 旅行社企业文化建设

第一节 旅行社的组织人事管理

人事管理是旅行社组织管理的重要组成部分和组织管理的日常性工作。人事管理的日常性工作一般由人事部门负责，但又绝不是人事部门一家的工作，而是旅行社整个组织管理职能的工作。旅行社的人事管理内容很多，本节着重介绍以下四方面的工作。

一、旅行社的人员配备

在旅行社的组织机构和岗位设置确定后，就要按岗位需要配备合适的人员。人员配备的方式有上级委任、调配和内部原有员工调剂以及空岗人员的招聘三种。随着旅行社人事制度的改革，越来越多的旅行社已经或正在实行全员竞聘任用制度，这逐渐成为配备适岗人员的主要方式。

以竞聘上岗方式配备人员的工作程序大致分为事先决策、发布信息、测评考察、确定人选、培训上岗等几个步骤。

（一）事先决策

根据岗位竞聘的数量、重要程度、测评工作量大小等，由人事部提交旅行社决策者决定如下事项：

1. 组织领导

是由社领导主持还是由人事部牵头。

2. 选人渠道

是内部为主还是外聘为主（各有利弊）。是小范围选聘还是公开招聘；是自行招聘还是委托中介。

有个最近的媒体报道值得参考：某权威机构对 100 位成功就业的“白领”人士就业渠道进行调查后发现：51 人通过报纸招聘广告，16 人通过人才市场，19 人通过职介所（含猎头公司），2 人通过网上求职，9 人通过亲友介绍，3 人是直接上门求职的。

3. 相关事项

（1）确定拟聘岗位的职务、职责、职权、利益、试用期、任职期、考核标准等。

(2)确定对任职者的总体和具体要求(年龄、学历、资格证书、操作技能等)。

(3)确定发布信息的时间、载体形式、报名起止时间、联系人、电话、社址等。

(4)费用预算。

(5)明确最后决定人选的权限、时间及岗前培训等事宜。

(二)发布信息

岗位竞(招)聘事宜决定后,应及时在相应范围内准确发布相关信息。

(三)测评考察

1. 测评内容

(1)身心健康状况。

(2)知识、技能水平。

(3)综合与专业或特殊能力。

2. 测评方法

(1)目测(对外聘新人)。

(2)笔试(事先拟好考卷)。

(3)演示(指定和自选项目)。

(4)面试(按面试提纲进行)。

3. 测评步骤

(1)初步粗选(淘汰至每岗候选3—5人)。

(2)复试精选(淘汰至每岗2人)。

(3)重点考察(了解以往表现)。

(4)确定人选(相关领导面谈后双方签约)。

(四)岗位培训

岗位培训是旅行社应长期开展、全员参加的项目,此处侧重新聘人员的上岗前培训。

1. 培训内容及要求

(1)传递信息。让新员工了解本旅行社的基本情况,可使用《员工手册》。

(2)端正态度,主要是灌输本社的理念。

(3)传授技能,主要是岗位必需的专业技能。

2. 培训的方式方法

旅行社的岗位培训应从实际出发,采用灵活多样的方式方法进行,在注重培训效果上下工夫。

(1)方式可为上岗前集中培训、试岗时个别指导、上岗后跟踪点拨。

(2)方法可分为课堂、演示、游戏、研讨、集中、分散等培训方法。

二、旅行社的规章制度建设

规章制度是指旅行社的全体员工在工作中或与工作有关的生活中应共同遵守的行为规范和活动秩序的总称。

(一)旅行社规章制度的分类

(1)按照国家颁布的法律、法规、政令而制定的规章制度。如××旅行社依据《消费者权益保护法》和《旅游投诉暂行规定》而制定本社的《关于处理旅游者投诉的若干规定》。

(2)按照行业标准而制定的工作程序化、标准化的规章制度。如××旅行社依据《旅行社出境旅游服务质量》(LB/T005—2002)而制定的《领队服务程序与操作》。

(3)按照旅行社管理职能而制定的规章制度。如××旅行社《财务管理若干规定》。

(4)按照旅行社岗位责任而制定的规章制度。如××旅行社《门市部经理岗位责任》。

(5)按照职业道德和从业人员行为规范而制定的规章制度。如××旅行社《员工须知》。

(二)旅行社制定规章制度的原则

(1)必须以现行的法律、法规、政令为依据,不能与之相抵触、相违背。

(2)应该科学、严谨,以便在检查、考核、评估时有可靠依据。

(3)应该体现群众性和民主性,让员工参与制定。

(4)应该简明扼要,通俗易懂,便于员工理解、掌握并执行。

(5)必须具有严肃性、权威性和相对稳定性。

(三)旅行社制定规章制度的程序

(1)提议。一般由总经理提出。

(2)起草。视内容分别由部门或指定人员组织编写。

(3)审议。将草案提交有关领导和工会等组织,由他们提出意见,进行相应的修改、补充。

(4)审定。由总经理主持会议进行审理、议定,予以通过。

(5)公布(多以总经理令形式)。

(6)执行。

注意在这一过程中,要上下结合,让员工参与。

三、旅行社的员工绩效考评

(一)绩效考评的含义

绩效考评是指旅行社对员工的工作表现和效果进行考核评价的一种人事管理活动。

(二)绩效考评的目的

(1)为确定员工的劳动报酬及奖惩提供依据。

(2)为人事调整提供依据(包括留岗、调岗、下岗、升职、降职)。

(3)为员工的培训提供依据。

(三)绩效考评的作用

(1)有利于调动员工的工作积极性。

(2)有利于激励先进,鞭策后进。

(3)有利于发现人才。

(4)有利于沟通并改进管理工作。

(四)绩效考评的原则

1. 公开透明的原则

(1)事前公开考评的目的、标准、程序、方法。

(2)考评过程的操作公开,不搞“暗箱”操作。

(3)考评的结果公开,使每人都知道自己和他人的业绩评价信息。

2. 客观公正的原则

(1)客观分析影响员工绩效的直接因素(态度、能力)和间接因素(环境、机会),重在员工的现实表现和实际业绩。

(2)区分不同等级、不同专业分工的岗位存在的客观衡量标准的差异。如考勤,就不能完全以准时上下班为标准,这一标准适用于坐班岗位,而营销人员则主要看销售业绩。

(3)尽量多采用可以量化的客观衡量标准,注重日常管理活动中的原始记录和相关评价资料,凭事实判断,避免主观武断和掺杂个人情感色彩。

(4)由于种种原因,可能对同一考评对象会出现截然不同的评价意见,在得出考评结论前,应冷静、客观地分析原因,在深入调查后再实事求是地作出结论。

3. 多层次、全方位评价原则

员工在不同的时空条件下往往有不同的表现。为了使评价更真实,应建立起多层次、多渠道、全方位的评价体系,包括员工自评;上级、同级、下级的评价;服务对象和业务协作单位的评价等。

4. 经常化、制度化原则

绩效考评应作为一项长期化、制度化的管理工作来抓,并和其他日常职能管理工作相结合,形成一种科学、有效的人事管理机制。

(五)旅行社绩效考评的内容

(1)德。即员工的精神境界、道德品质、对集体特别是对旅游者竭诚服务的忠实度。

(2)能。即员工的工作能力,如组织能力、协调能力、应变能力、业务操作能力等。

(3)勤。即员工的工作态度,如积极性、主动性、创造性、出勤率等。

(4)绩。即员工的工作业绩,包括工作的数量、质量、效率、效益等。

(六)旅行社绩效考评的种类

(1)按考评时间分为定期和临时两种,其中定期又分为年度、季度、月度考评。

(2)按考评内容分为全面(综合)考评和专项考评。

(3)按考评项目分为职务考评、奖励(奖金、荣誉称号)考评、提薪和晋升考评等。

(七)旅行社绩效考评的程序

1. 制订考评方案

考评方案内容包括考评目的、标准、方法、时间、考评员(必要时外请客户代表和专家)、考评对象等。该方案须经旅行社决策者(层)批准。

2. 公布考评方案

通过张榜或口头传达方式公布,如方案中有保密内容(如外请专家和客户姓名),则只说届时将外请有关人员参加即可。

3. 组织实施考评活动

考评活动一般有全体员工出席的民意测评会(多用无记名书面测评表)和个别谈话两种形式。这一过程要注意:

(1)发放和收回测评表时要数清出席的人数、选出监票人和计票人,确定有效票数。

(2)要给填写考评表和接受个别谈话的员工提供有心理安全感的环境。

4. 分析考评的初步结果

要特别注意分析对考评对象民意测评的两种情况:一是评价非常一致(极高或极低中的一种);二是评价非常对立(极高和极低两种)。如果这种情况出现,又与组织上平时掌握的情况很不一致,则应深入调查研究后再下结论。

5. 确定考评结果

将考评方案的标准和考评的初步结果认真对比后,由考评人员视权限确定或报经审定。

6. 公布考评结果

考评结果应及时公布。对某些被考评者(获评价极高或极低者),有关领导应单独与之谈话,做好进一步的引导工作。对个别有不满情绪或认为考评不公的被考评者,应允许他们申诉,有关领导也应多做疏导工作,但不能改变考评结果(按程序复评者除外)。

(八)旅行社绩效考评的方法

1. 业绩评分法

这是一种被广泛采用的以表格形式分项分级交叉打分方法。此法是将每位员工的工作按态度、技能、数量、质量等项目分类,每类按优秀、良好、合格、稍差、较差等级列出权重分值(权重由各旅行社对态度、技能、数量、质量的重视程度而定),由参加测评的员工在这张评分表上给被考评者打出的总分值就是对被考评者的业绩评价。如表6-1-1所示:

表6-1-1 旅行社员工业绩测评表

(2004年度)

被测评人:×××	性别 ×	单位 ××××	职务 ××		
评价等级 评价项目	优秀	良好	合格	稍差	较差
工作态度					
工作能力					
工作数量					
工作质量					
说明: 1. 本表采用无记名方式,每人一份,用打√选项。 2. 每一评价项目只能选一个评价等级,同项选多等级则该项无效。					

业绩评分法的优点:简便、快捷、易于量化。缺点:容易打主观分、印象分、感情分。

2. 劳动定额法

是一种按实际完成劳动定额情况来评价业绩的方法,适用于旅行社实行定额管理的岗位人员,如营销人员的销售额,导游的接待量。

3. 排序法

是一种把限定范围的员工按某一标准由高至低排列顺序的评价方法。俗称"排名榜"。如对导游业绩排序,可采用接待量(人、天、次数)排序、营业收入排序、纯利润排序、投诉率排序等。也有的旅行社采用末位(或末几位)淘汰制等。

4. 硬性分布法

是一种将限定范围内的员工按照设定的概率(百分比)硬性分配划分的评价方法。如旅行社年终考评(与奖金挂钩)设定的概率为优秀占15%;合格占80%;不合格占5%,然后硬性分配到各部门、单位(概率乘以部门、单位人数)。这种方法尽管有时不够公平,也不完全符合各部门的实际,但在很多情况下还只能采用此法。

5. 关键事件法

是指考察员工行为对旅行社产生过重要影响(积极的、消极的)并被记录在案的事件,从而作出评价的方法。考评时应明确关键事件的追溯期。

6. 目标管理法

这是一种经常性的动态性绩效考评方法,比较适合旅行社的基层采用。一般是基层管理者与员工一起按照岗位责任目标要求,共同制定实现目标所要达到的业绩水平,把日常工作的每天、每周、每月都当成是在接受考评。这样可以使相互间更密切配合,共同努力实现目标。

四、旅行社的员工报酬管理

员工报酬是旅行社人事管理中最受关注的主要内容。报酬是旅行社对员工为国家和企业所作贡献的相应回报和答谢,其实质是一种劳动交换关系。

(一)旅行社员工报酬的构成

员工的报酬分为以货币为主的物质报酬和以实现精神满足为主的非物质报酬。此处侧重物质报酬。

1. 工资

旅行社员工工资主要有结构工资制和岗位技能工资制两种,按月发放。近年来也有一些旅行社对总经理(含副职)实行年薪制。

结构工资制的工资构成为:

(1)基础工资:亦称基本工资、保底工资,不能低于国家和当地政府公布的工资底线。

(2)职务工资:亦称岗位工资,国有旅行社最高与最低的职务工资之比不得大于12:1。

(3)工龄工资。

(4)加班工资:指平时工作超时加班和法定休息日、节假日的加班,必须按国家劳动法规定加发工资。

岗位技能工资制的工资构成为岗位工资、技能工资、辅助工资和加班工资。

2. 奖金

奖金是旅行社对员工超额劳动获益的一种货币奖励。按奖励内容分为单项奖和综合奖,按奖励对象分为个人奖和集体奖,按奖励时段分为临时奖、月奖、季奖、年终奖。

3. 津贴

津贴指旅行社某些人员因工作需要而支出的额外劳动及生活费用在现行工资制度(含奖金)下不能完全体现,因而采用的一种货币补偿。如职务津贴、交通及通信津贴、出差及"上团"津贴等。

4. 福利

福利指旅行社为让员工体验到集体的温暖,增强员工的认同感、归属感而提供的生活保障。旅行社的集体福利项目主要有:各种保险金(劳动保险、医疗保险、失业保险等),各种基金(住房公基金、养老基金、企业基金等),带薪假期(婚假、产假、护理假、探亲假、休假等),额定报销费用(书报费、培训费、继续教育学费、洗衣费等),免费后勤服务(工作服、工作餐、工作车、防寒防暑防疫用品、药品等)。

另外,有些旅行社已经或正在实行员工参股、持股、年终分红,这也是报酬的形式。

（二）旅行社确定报酬的依据

（1）国家和当地政府的相关规定。

（2）人力资源市场的供求状况。

（3）当地工薪层的收入水平。

（4）岗位所需人才的相对价值。

（5）旅行社的实力。

（6）绩效考评的结果。

（三）旅行社确定报酬的原则

1. 合法原则

旅行社的报酬制度不能与国家的规定相违背，现在有些旅行社不与员工（特别是新聘导游）签订劳动合同，也不为员工办理各种劳保基金关系；更有甚者，不但不给导游报酬，还要让导游上交“人头费”，这些都是违法的。

2. 公平合理原则

以前的平均主义“大锅饭”是很不公平合理的，已经或正在被打破。不过在拉开分配档次时也应注意在体现多劳多得的同时，差距不能拉得过大，一般以不超过12∶1范围为合法。

3. 激励原则

报酬本身也是一种激励手段，是最基本和最常用以及相对而言最管用的一种手段。实行激励时应注重效果，既要反映出奖勤罚懒、多劳多得，又要防止过频过度激励产生的消极影响（再不多给就不好好干），其基本原则是报酬的增长不能超过利润的增长，同时要注重精神激励的作用。

4. 竞争的原则

旅行社合理的报酬制度，不但能留住内部人才，还能吸引外部的人才，内外部人才互为竞争关系，这会使内部人员更加珍惜在岗的机会，把压力变为做好工作的动力。

5. 量力的原则

报酬的高低与人力成本和经济效益之间有着密切的联系，报酬高则成本高，但未必都会收益高。因此，要根据收益水平和旅行社的实力来确定相应的报酬。

6. 辩证的原则

报酬包括物质报酬和精神报酬两个密切联系又明显不同的方面，物质是基础，精神是支柱。物质报酬对有些人来说并不是最重要的，他们更注重精神上的满足。报酬的激励作用不完全取决于旅行社花钱的多少，花钱再多，如果员工感到分配严重不公或很难实现自我价值，那也未必能起到预期的作用，达到预期的效果。

第二节 旅行社的企业文化建设

“企业文化”是近些年来非常时髦而又深蕴哲理的一种新观念。最初是一向自负的美国人通过比较自己的管理效果与日本的管理效果，发现日本企业的成功在于企业以一种家庭亲情式的团队精神为主导。现在国内外的很多企业，包括旅行社都在导入并重视运用这种观念，以提高企业的凝聚力和战斗力。本节将介绍旅行社企业文化的有关知识。

一、旅行社企业文化的含义

"企业文化"目前尚无统一的定义,一般的描述有:是企业的精神形态,是企业的行为规范,是企业的实际影响力,是企业群体意识和行动准则,是一种独特的团队精神和行为方式等。

旅行社企业文化目前也无统一的定义,大致可描述为:是旅行社在长期经营管理活动中,由主要领导倡导并垂范、全体员工自觉恪守并实践的一种团队精神和表现出的服务特色。

二、旅行社企业文化的构成

旅行社企业文化由内层(精神文化层)、中层(制度文化层)和外层(物质文化层)构成。

1. 精神文化层

这是旅行社企业文化的核心和灵魂。包括价值取向、经营哲学、职业道德、服务意识等,起着主导和统率作用。

2. 制度文化层

包括组织机构、领导体制、规章制度、人际关系等。它对员工的工作态度、素质要求、行为方式、服务质量等起着激励和规范作用。

3. 物质文化层

包括工作环境、设施设备、员工形象、产品形象等。它是旅行社外在的有形形象,能起到让社会特别是旅游者形成良好的第一印象以及让员工保持良好心态的作用。

三、旅行社企业文化的要点

(一)旅行社宗旨

企业宗旨是旅行社经营管理活动所追求的根本目标及实现这一目标的指导思想。毋庸讳言,旅行社经营的根本目标是获取持久而可观的利益,而指导思想则是谋得这种利益的正道。俗话说"君子爱财,取之有道","利顺以德","顾客是商家的衣食父母"……这些都在某种程度上概括了以义取利的经营宗旨。旅行社要取得持续增长的利益,就应该把"全心全意为旅游者服务"、"诚信为本、确保质量、游客至上"等作为旅行社的宗旨加以提倡、弘扬。

(二)旅行社的价值观

价值观是人们对事物的是非、好坏、对错、美丑、可否等属性的一种评价态度与取向标准。尽管不同时期、不同社会的人或组织的价值观不尽相同,甚至相左,但多数人对大是大非等事物属性还是有比较一致或相近的判断标准的。

旅行社的价值观集中反映在与旅游者等价交换的产品和服务两个方面。

1. 产品价值观

在实行自由市场经济的一些西方国家,凡是有市场需求的都可以作为商品来交换,有不少旅行社可以公开合法地把赌博、色情等作为旅游产品出售赚钱。据 2003 年第 6 期《海内与海外》杂志上刊载的白木的《恶性膨胀的美国色情业》一文称:目前在美国至少有 25 家经营出境性旅游的旅行社,其中总部设在纽约的 Big Apple Oriental Tours 旅行社就是以专门安排美国人去亚洲性旅游为业务的。

我国实行的是社会主义市场经济,政府明确规定了旅行社的产品必须符合文明、健康、安全的标准。几乎所有的旅行社是能够守法经营的,其中不少旅行社推出的有中国特色的旅游精品还赢得了国内外旅游者的交口称赞。但也有极个别的旅行社曾出现过给“旅游者”异地办证,出境后散团不归,为旅游团出境后参与赌博、色情活动提供方便等严重违法违规情况,这明显是见利忘义价值观在作祟。

2. 服务价值观

近些年来,旅游服务行业正在流行这样的理念:“顾客永远都是对的”、服务人员“对客人只能说 Yes,不能说 No”,这种说法表面上看有些绝对——因为顾客事实上不可能都是对的,服务人员也不可满足客人的所有需求,但仔细琢磨一下,这种服务理念恰恰反映了旅游行业特有的价值观。旅行社的管理者和服务人员如果都能深刻理解并能恰当运用这种价值观念,往往都能以自己的真情实意、美好心灵、优质服务去感动客人(哪怕是最挑剔的客人)并赢得客人的称赞,不但他们自己满意,从而成为旅行社的忠实顾客,他们还会在亲朋好友甚至更大范围内帮助旅行社做义务宣传。

由此可见,旅行社的产品与服务价值观为旅行社的生存和发展把握了基本方向,提供了行动指南,成为全体员工判断是非对错的衡量尺度。正确的价值观不仅能形成巨大的内聚力,还能对外产生极大的吸引力、感召力,成为旅行社宝贵的无形资产。

(三)旅行社的职业道德

职业道德是社会特定行业内的所有单位及人员用以调整内部与外部关系的品德标准及行为规范。它既有社会公共道德的普遍性,更有行业和业内企业特有的职业特点。

旅行社在旅游业属于最前沿的“窗口”行业,其工作人员(特别是领队、导游)与旅游者接触的时间最长,交谈的内容最广,共同面对的事物最多,交往后的情感最深。因此,旅行社行业及从业人员的职业道德就显得尤为重要。

旅行社企业文化中的职业道德主要应体现以下几点:

(1)对祖国要忠心,绝不能损害国家形象和民族尊严,在对外交往中严守党和国家机密。

(2)对社会有爱心,在讲求经济效益的同时不能损害社会效益和生态效益。

(3)对顾客应诚心,全心全意为旅游者提供货真价实的优质服务,诚心实意地维护旅游者的合法权益。

(4)企业对员工关心,员工对企业尽心,同心同德,形成合力。

(5)对自己要坚定信心,这种自信心反映在工作上,一是事业心:敬业、乐业、专业;二是责任心,对客服务热心、耐心、细心;三是“禅定心”,面对各种诱惑要小心、当心、静心,切不可贪心。

四、旅行社的企业精神

旅行社的企业精神可参照美国管理学家劳伦斯·米勒《美国企业精神》一书中的某些观点,吸取中华民族精神的精髓,结合自己企业特点加以提炼、浓缩、概括。

米勒的主要观点为:“一个组织很像一个有机体,它的机能和构造更像它的身体,坚持一套固定信念,追求崇高的目标而非短期的利益,是它的灵魂。”

综合目前关于企业精神的阐述,可归纳为以下几点:

(1)企业精神是企业在长期经营管理活动中精心培养和打造出来的。

(2)企业精神是企业全体员工认同并融会贯通后引以自豪且积极弘扬的。

(3)这种人格化的群体心理和团队精神能够通过员工个人的魅力展现出来并被接触者

感觉到。

(4)这种精神是长期发挥作用并随着形象发展注入新的活力，不断增值的无形资产。

(5)这种精神通常是以口号形式高度概括并广为流传的。如"海尔精神"：敬业报国、追求卓越；"松下七精神"：工业报国、光明正大、团结一致、奋发向上、礼貌谦让、适应形势、感恩报国。

五、旅行社的企业形象

企业形象是指社会公众和企业员工对企业总体的印象和评价，体现了企业的声誉和知名度。旅行社的企业形象包括产品（服务）形象、环境形象、员工形象、社会形象。

1. 产品（服务）形象

这是社会公众特别是旅游者评价旅行社的主要内容和标准。旅行社提供的产品和服务包括价格和承诺能否吸引游客、打动游客、赢得游客满意并自愿广为宣传。

2. 环境形象

主要指旅行社的营业场所和办公场所环境及设施设备条件，也可扩大到员工的生活环境、人际关系环境（心理环境）等，它反映了旅行社的管理水平、经济实力和精神面貌。

3. 员工形象

旅行社的员工，特别是管理人员、营销人员、接待人员等直接对外交往和服务的人员，其内在素质和外在形象是旅行社企业形象的体现。旅行社员工的服饰仪容、礼节礼貌、言谈举止、技能态度、工作效率、服务质量等都直接影响到旅行社的形象。

4. 社会形象

主要指旅行社通过对社会负责和对社会的贡献（如从无不良记录、一贯照章纳税且数额较大、热心社会公益活动和慈善事业等）从而获得相应的社会地位和市场价值。旅行社只有树立良好的社会形象，才能得到政府的信任、媒体的重视、顾客的认同和同行的佩服。

六、旅行社企业文化的培植

随着社会文明建设的加强和现代企业制度的完善，企业管理中的文化建设的重要性、必要性越来越被广泛认同。旅行社如何进行企业文化的培植也应成为组织管理活动中必须重视的问题。

旅行社企业文化建设应从多方面入手。

（一）领导重视，形成共识

(1)企业文化的形成首先是最高领导提出、倡导并率先示范的。大家可能听说或在电视纪录片中看到过，"海尔精神"、"海尔文化"就是从张瑞敏手持大锤亲手把不合格的产品当众砸烂后提出的。当然，企业文化只有领导重视还不够，要把这种文化理念变为整个企业的指导思想，使各级管理人员和全体职工都能理解、接受，形成共识。

(2)形成共识的基础是对企业文化功能作用的深刻认识，它不仅仅是眼前生存的需要，更是发展的需要。因此要为长远利益设定鼓舞人心而又经过努力可以实现的企业目标。

(3)形成共识的结果是择定适合自身发展特点而能够尽快实现企业目标的企业文化模式，这种文化模式是激励几代人接力前进的精神动力。

（二）统筹安排，狠抓落实

(1)凡属企业文化中物质层面的内容，应视旅行社的财力逐步落实，使员工的工作、生活环境与本社文化模式相适应。

(2)凡属企业文化中制度层面的内容,应尽快建立健全。有了切实可行的规章制度后,关键是抓落实,起初可能要重奖重罚,以后逐渐会成为员工的自觉行动。

(3)凡属企业文化中精神层面的内容,主要靠宣传教育和深入细致的思想工作来落实。可通过树立榜样,表彰先进,举办各种健康有益的活动,进行有针对性的培训等方式方法促进落实。

(三)提炼定格,不断丰富

企业文化比较成熟的标志之一是形成了条理化、格式化、特色化的语言、文字、图像并在旅行社内外产生很强的影响力。

企业文化在形成和发展过程中,应博采众长,与时俱进,不断丰富、完善和发展。

本章小结

旅行社是人力、智力密集型行业,人力资源是最活跃、最有创造性的资源,因此,从旅行社经营策略上讲,人力资源的开发和利用已经成为旅行社生产力的重要因素。只有通过建立严格的规章制度和鲜明的企业文化来有效地激励人才、尊重人才、关心人才,才能保证旅行社经营管理活动的有序、高效、顺利进行。

思考与练习

1. 旅行社的员工绩效考评有哪几种方法?

2. 旅行社企业文化有几个层次?各包括哪些内容?

3. 建议搞一次模拟××旅行社招聘导游活动。

第7章 旅行社质量管理知识

学习重点

- 旅行社质量管理的观念
- 旅行社质量管理中的控制职能
- 如何规避质量风险
- 旅行社安全管理的职责
- 旅行社处理旅游者直接投诉的程序

现代企业管理经验证明:质量是市场竞争的焦点,是企业的生命之源、发展之本。旅行社的管理者只有强化质量和安全意识,运用科学的管理手段,不断提高质量管理水平,确保旅游者和旅行社的安全,才能在激烈的市场竞争中求得生存和发展。

第一节 旅行社的质量管理

一、旅行社质量的概念

(一)质量的含义

质量,通俗的解释是指产品、服务、工作的优劣程度,关于确切的定义尚未达成共识。

美国著名质量管理学家克劳斯比认为质量是“符合标准”;美国另一位著名质量管理专家朱兰则认为:对客户来说,质量就是适用性;国际标准化组织(the International Standarization Organization,缩写 ISO)把质量定义为“一组固有特性满足要求的程度”。

(二)旅行社质量的含义

旅行社质量尚无统一的定义,大致有狭义、广义和更广义三种理解。

1. 狭义理解

旅行社的产品主要是服务,所以旅行社质量就是旅行社的服务质量。

2. 广义理解

旅行社的服务离不开相应的客观环境和物质条件,所以旅行社质量应指旅行社经营活动中的环境质量、产品质量和服务质量的综合质量。

3. 更广义理解

质量的实质是管理,而管理又涉及各种要素,所以旅行社质量实质上当指旅行社的全面管理质量。包括旅行社的生存发展质量、员工质量、产品质量、服务质量、环境质量、旅游者最终享受到的旅游质量等。1994 年,世界旅游组织提出的口号——“高质量的员工、高质量的服务、高质量的旅游”,比较集中地反映了旅行社质量的内涵。

（三）旅行社质量的特征

1. 旅行社质量是有法定标准的

（1）国际标准。1988 年 12 月，我国政府宣布等效采用 ISO 9000 系列标准，其中 ISO 9001 标准就适用于旅行社。

（2）国家标准。指中华人民共和国国家标准中 GB/T1 类中有关旅行社的质量标准。如《导游服务质量》（GB/T15971—1995），这是我国旅行社业中第一个国家标准。

（3）行业标准。指中华人民共和国旅游行业标准 LB/T0 中有关旅行社的质量标准。如《旅行社国内旅游服务质量要求》（LB/T004—1997）和《旅行社出境旅游服务质量》（LB/T005—2002）。

（4）企业标准。我国旅行社质量暂不设地方标准，但鼓励旅行社在严格执行国家和行业强制性质量标准的前提下，结合国际惯例和各自实际，制定出严于上述标准的企业质量标准。

2. 旅行社质量是有客观标准的

旅行社质量既可用法定标准衡量、又有能被旅游者普遍认可的客观标准，大体包括：

（1）提供的产品（线路）设计合理、标准明确、价格公道。

（2）安排的食、住、行、游等有价硬件服务符合约定标准。

（3）导游服务到位。

（4）确保旅游者人身和财产安全。

（5）“一条龙”服务均能符合规范。

（6）时效的把握等。

3. 旅行社质量是以旅游者的满意程度来衡量的

旅游者对旅行社质量的满意度是指旅行社所提供的产品与服务在使用价值方面适合与满足旅游者需求的程度，即旅游者对旅行社质量的褒贬评价。

旅游者在对旅行社质量进行衡量、评价时，是通过他们对期望的质量和实际感受到的质量之间的差距比较而作出判断的。如果实际感受到的质量超过了期望值，旅游者就会作出超值享受的满意评价；如果感受值与期望值相符，旅游者就会作出还算满意的评价；除此两种，便会作出不太满意、不满意、很不满意的评价。

造成旅游者期望值与实际感受之间距离过大的原因有很多，除极个别旅游者可能有不良企图外，主要有以下几种原因：

（1）旅游者自身设定的期望标准过高。

（2）旅行社宣传、促销、销售时言过其实，误导旅游者，个别不法旅行社存在欺骗行为。

（3）旅行社与旅游者签订合同时，有不符合国家和行业质量标准的口头承诺或不规范的解释。

（4）由于旅行社可控或不可控因素的影响而降低了应有的质量等。

4. 旅行社质量主要是靠员工的服务来实现的

旅行社质量构成中虽然包括了一定的有形、物质产品，但主要还是通过旅行社内外的服务人员提供的活劳动实现的，这些人员包括：

（1）旅行社直接对客服务人员。如门市人员、导游、行李员、自有客车的司机等。

（2）旅行社间接对客服务的人员。如管理者、营销、计调、票务人员等。

(3)与旅行社质量有关的其他单位的相关人员,特别是直接对客服务的人员。

5. 旅行社质量通过加强管理基本上是可以保证的

在直接或间接影响旅行社质量的诸多因素中,除少数属旅行社不可预见、不可抗拒、不可控制的外部因素外,绝大多数内外因素对旅行社来说还是可以控制的,关键是要加强管理。

二、旅行社的全面质量管理

(一)旅行社质量管理的含义

旅行社质量管理是指旅行社为了保证和提高可控质量,尽力避免或弱化不可控风险,综合运用质量管理的理念、标准、方法而进行系统化、标准化的全面质量管理活动过程。

(二)旅行社全面质量管理的观念

全面质量管理是一种管理哲学和管理方法,也是一个通过不断改善各种条件来永久保持旅游者满意的质量管理过程。旅行社全面质量管理的思想观念应体现在以下几点:

1. 全局观念

质量不仅是旅行社赖以生存和发展的关键,而且还是关系到旅行社行业,旅游产业,地方和国家形象、利益的大问题。

2. 全体顾客观念

衡量旅行社质量的最终标准是顾客的满意并由此而产生的最佳综合效益。顾客包括了旅游者、相关协作单位人员,还应把本社直接和间接对客服务的全体员工也当作顾客——首先有满意的员工,然后才能有满意的服务和满意的旅游。

3. 全方位观念

为了满足顾客的需求,旅行社应从产品、服务、环境等方面;从"硬件"和"软件"方面;从"分内"和"分外"两方面;从旅游的六大环节联系和区别方面等进行全方位思考和安排。

4. 全过程观念

旅行社要对旅游产品的形成、交换、使用和价值衡量这一连续的过程进行系统管理,或者说按旅游者的消费过程即游前、游中、游后三个连续的阶段进行动态管理。不能只注重销售却忽视接待,也不能只重接待而忽视游后的反馈和跟踪服务。

5. 全员参与管理的观念

旅行社质量管理绝非少数管理者能够承担完成的,要靠内部全体员工的积极参与和外部相关部门、人员(特别是旅游者)的监督与配合,只有上下齐心,内外协同才能保证旅行社质量。

(三)旅行社质量最基本的实施标准

旅行社要严格按照国家和行业颁布的相关质量标准,制定出自己的质量实施标准,这种企业标准应略高于强制标准,并具有各自的特色。具体应包括以下内容:

1. 在设计和推出线路产品时

旅行社应制订主题鲜明、内容丰富、安排合理、劳逸适度、价格公道、确保安全的旅游活动计划,这是保证质量的前提。

2. 在旅游者购买产品时

旅行社人员应履行如实告知义务,让旅游者认真阅读制式合同中的通用条款,然后再商议专用条款和补充条款。除制式合同外,旅行社所提供的任何文字、形象和口头宣传、承诺都会成为可能影响旅行社质量的佐证。

3. 在旅行社与旅游者签订旅游合同后

旅行社应向客人提供接待计划和行程安排，并保证计划和安排的顺利实施；无不可抗拒的原因或未经旅游者同意，不能耽误行程，不能随意转（团）拼（团）、更不能擅自变更合同内容。

4. 在履行接待合同过程中

旅行社按质按量兑现约定的各项服务。其中要特别注意：

（1）住宿、餐饮、车辆达到约定标准质量。

（2）参观游览的项目不能减少或变相减少。

（3）不能强行增加购物和自费娱乐项目。

（4）导游服务应符合《导游服务质量》要求等。

5. 提供服务的人员标准

向游客提供直接服务的所有人员（含协作单位），都应具备良好的职业道德、热情的服务态度、规范而熟练的服务操作，绝不允许怠慢甚至侮辱客人。

6. 旅游活动全过程的安全标准

在旅游活动全过程中，确保游客的人身及财产安全，维护旅游者的合法权益。如出现意外事故，旅游者遇到困难或出现不满，旅行社管理者和相关人员能及时妥善处理等。

（四）旅行社质量管理的举措

1. 落实质量监督机构或人员

旅行社要把质量管理列入最高决策管理层的重要议事日程，除通过各职能系统进行管理外，还应设立相应的质量检查、监督机构并配备相应的人员。

大型旅行社一般都设质监部，实行董事长或总经理领导下的质量总监负责制。

规模较小的旅行社也应明确兼管质量的部门，并配备专、兼职的质监人员。

旅行社也可参照西方风行的 Quality Circles（缩称 QC，意为质量圈）做法，成立质量管理小组，由旅行社领导、质监人员和职工代表组成，开展质量分析、监管和改进提高工作。

2. 加强质量教育

质量教育是旅行社质量管理的基础工作和提高质量的关键因素。旅行社要通过多种形式对全体员工进行质量意识教育、职业道德教育、业务知识教育、应变能力教育等。动之以情，晓之以理，教之以方。结合旅行社的其他职能管理，激励全体员工全心全意为旅游者提供优质服务。

3. 实行质量控制

旅行社质量一般按如下程序进行控制：

（1）制定质量标准和质量目标计划，如争取旅游者满意率和基本满意率达到100%；确保无重大投诉。

（2）对可控质量制定适用和专用实施标准、实施流程、操作规范、岗位责任、奖惩制度等。

（3）严格按质量要求提供标准化和个性化服务并实施服务全过程的动态监控。如在旅游团中秘密聘请临时质监员或公开发放意见表等。

（4）在关系质量的服务过程中出现的问题进行相应的调控，如及时采取弥补措施。

(5)将质量反馈信息进行梳理、总结、评价并针对游客的意见和建议加以改进、完善、提高。

4. 规避质量风险

(1)旅行社对可预见、经过努力可控制的质量风险(如旅游旺季特别是"黄金周"的房源、票源问题),应事先精心组织、确保落实,必要时还要有紧急预备方案。

(2)旅行社对可预见但经过最大努力仍不可控制的风险,在权衡利弊得失后不妨忍痛放弃。

(3)旅行社为了防范和化解责任风险,必须按规定投保旅行社责任保险。同时建议旅游者自愿投保旅游意外保险。目前也有的旅行社为了赢得更多客源,以让利的形式为旅游者个人购买旅游意外保险。

(4)旅行社应严格选择旅游服务供应商,并通过具有法律效力的合同对其进行约束,明确他们的质量责任和违约处罚责任。

(5)旅行社要把安全放在首位,防范各种安全事故。对出现的事故要按事故处理程序妥善处理,在处理的过程中既要维护受害人的合法权益,又要使旅行社尽量减少损失,并且旅行社的形象也不过分受影响。

(6)防范风险和处理纠纷最主要的依据之一是旅游制式合同,所以,旅行社要特别注意旅游制式合同的签订。

第二节　旅行社的安全管理

安全是旅行社管理的头等大事,注重安全管理是旅行社对社会、对自身、对员工、对顾客、对他人高度负责的法定义务和责任。旅行社的管理者和全体员工都要树立"安全第一,防患于未然"的安全意识,熟悉安全规定、掌握安全常识,正确处理安全事故。

一、旅行社安全的概念

(一)旅行社安全的狭义理解

指旅行社向旅游者提供的产品和服务不会使旅游者的生命和财产受到威胁、损害。

(二)旅行社安全的广义理解

除包括狭义理解外,还包括旅行社的经营活动不能影响国家安全(在涉外活动中保守国家秘密)、不能影响社会稳定(防止以旅游为名搞偷渡、赌博、色情、贩毒等非法活动)、不能因管理不善或疏于防范而危及旅行社自身及其员工的安全(包括生存权、发展权等)。

本节侧重就旅行社安全的狭义理解进行表述。

二、旅行社安全管理的职责

根据国家旅游局1994年1月22日发布的《旅游安全管理办法实施细则》规定,旅行社是旅游安全管理工作的基层单位,其安全管理工作的职责是:

(1)设立安全管理机构,配备安全管理人员。

(2)建立安全规章制度,并组织实施。

(3)建立安全管理责任制,将安全管理的责任落实到每个部门、每个岗位、每位职工。

(4)接受当地旅游行政部门对旅游安全管理工作的行业管理和检查、监督。

(5)把安全教育、职工培训制度化、经常化,培养职工的安全意识,普及安全常识,提高安全技能。新招聘的职工,必须经过安全培训,合格后才能上岗。

(6)新开业的旅游企事业单位,在开业前必须向当地旅游行政管理部门申请对其安全设施设备、安全管理机构、安全规章制度进行检查验收,检查验收不合格者,不得开业。

(7)坚持日常的安全检查工作,重点检查安全规章制度的落实情况和安全管理漏洞,及时消除安全隐患。

(8)对用于接待旅游者的汽车、游船和其他设施,要定期进行维修和保养,使其始终处于良好的安全技术状况,在运营前进行全面的检查,严禁带故障运行。

(9)对旅游者的行李要有完备的交接手续,明确责任,防止损坏或丢失。

(10)在安排旅游团队的游览活动时,要认真考虑可能影响安全的诸项因素,制订周密的行程计划,并注意避免司机处于过分疲劳状态。

(11)负责为旅游者投保(注:指投保旅行社责任保险)。

(12)直接参与处理有关单位的旅游安全事故,包括事故处理,善后处理及赔偿事项等。

(13)开展登山、汽车、狩猎、探险等特殊旅游项目时,要事先制定周密的安全保护预案和急救措施,重要团队需按规定报有关部门审批。

三、旅游活动各环节的安全防范

旅行社的安全管理工作是一项系统的管理工程,主要靠平时的基础性工作和安全管理职责的落实来保证。旅行社安全管理的重点和难点在于旅游活动中各环节的安全事故防范,而做好防范工作的关键又在于导游的责任感和经验,以及包括安全在内的服务质量规范。

(一)行

(1)行前要向游客详细介绍有关安全常识和注意事项。

(2)在乘坐飞机、火车、轮船等长距离大型交通工具时,应遵守相关的安全规定,保管好个人的贵重物品。

(3)在乘坐旅行社自有或租用的汽车时,导游要把每日行程提前告知司机,安排好司机的食、住及保养车辆的时间,行车时既不要分散司机的注意力,必要时也应提醒司机注意安全。

(4)抵离各地时,按规定认真做好游客行李的交接工作,防止丢失或损坏。

(5)对有眩晕症的游客,提前请他们服用防晕药,注意饮食和心态,并为他们安排合适的座位。

(二)住

(1)要向游客介绍客房内设施的使用注意事项,防止因使用不当而造成的伤害。

(2)了解楼层的安全通道位置及紧急情况下的疏散路线。

(3)提醒游客睡前检查客房门窗是否关牢,不要让陌生人进入房间。

(4)提醒游客外出游览时不随身携带的贵重物品,应交给饭店总台保管。

(三)食

(1)计划内安排的就餐一定要确保安全、卫生。

(2)要事先了解是否有游客对某种食物有过敏反应,如果某游客对花生及其制品有强烈过敏反应,导游提前通知餐饮部忌用花生油烹调。

(3)提醒游客计划外用餐及购买零食、小吃时,一定要注意食品卫生。

(4)在野外活动时,提醒游客不要采食野果、饮用生水,有某种花粉或植物过敏症者,应提醒他们提前做好防范。

(5)如游客出现食物中毒或不良反应征兆时应立即请医生诊治。

(四)游

(1)出游前应向游客通报天气情况,旅游线路状况,以便客人做好相应的着装和防护准备,同时要提醒旅游者遵守旅游景区(点)的安全、环保等规定。

(2)旅游线路中的危险地段无论有无警示标志,导游都要及时提醒游客注意安全,并对重点对象予以照顾。

(3)领队、全陪、地陪要分工合作,密切注意游客及其周围动向,防止游客走失或受到伤害。

(4)对某些有潜在危险性的游览项目,要会同景区(点)工作人员做好对游客的提醒和救助准备工作。

(5)对于计划内的游览项目,导游自始至终都要与旅游者一起活动,以免游客发生意外。

(五)购

(1)计划内的购物活动,导游要当好顾客的参谋,防止游客受骗上当,购物时提醒游客索要发票等凭据。

(2)导游应提醒客人在购物场所和其他公共活动场所注意自己的财物安全。

(3)导游发现有不法商家或小贩有欺诈行为或强卖行为时,应予以制止,以便维护游客的合法权益。

(六)娱

(1)计划内的娱乐项目,导游应陪同客人参加并做好相应的服务。

(2)计划外的自费娱乐项目,导游应提醒客人注意选择安全、可靠、健康的场所和项目内容。

(3)导游应提醒客人在参加娱乐活动时,遵守公共秩序,不要妨害他人的合法权益,以免引起不必要的麻烦。

四、旅行社对旅游安全事故的处理

(一)旅游安全事故的等级

凡是在旅行社接待旅游者的过程中发生的涉及旅游者人身、财物安全的事故,均为旅游安全事故。旅游安全事故分为轻微、一般、重大和特大四个等级。

(1)轻微事故是指一次事故造成旅游者轻伤,或经济损失在1万元以下者。

(2)一般事故是指一次事故造成旅游者重伤,或经济损失在1万(含1万)元至10万元者。

(3)重大事故是指一次事故造成旅游者死亡或旅游者重伤致残,或经济损失在10万(含10万)元至100万元者。

(4)特大事故是指一次事故造成旅游者死亡多名,或经济损失在100万元以上,或性质特别严重,产生重大影响者。

(二)旅行社处理安全事故的程序

(1)事故发生后,导游应立即向本旅行社和事故发生地旅游局报告。情况特别紧急时,应先向消防、公安、路政、卫生急救单位报告。

(2)会同事故发生地的有关单位严格保护现场,在公安人员未进入事故现场前,如因现场抢救工作需要移动物证时,应作出标记,尽量保护事故现场的客观完整。

(3)积极协同有关部门进行抢救、侦查工作。

(4)组团旅行社和事故发生地的地接旅行社负责人应及时赶赴事故现场,协助有关部门处理事故抢救、责任认定和善后事宜。

(5)事故处理后,旅行社应立即写出事故调查报告,其内容包括:

①事故经过及处理。

②事故原因及责任。

③事故教训。

④今后防范措施。

五、旅行社安全管理工作的奖励与惩罚

(1)旅行社要按照安全管理责任制的要求和规定,对内部各单位、各部门、各岗位进行安全责任落实情况的评比考核。

(2)表扬并奖励那些在旅游安全工作中作出显著成绩或突出贡献的单位、部门和个人。

(3)批评并处罚那些不重视旅游安全工作并造成不良影响或损失的单位、部门和个人,如情节特别严重或造成重大损失者,还要追究其行政、经济乃至法律责任。

第三节　旅行社的投诉管理

在旅游发达国家,社会权力机关、相关协会、大众传媒和旅行社都有相应的旅游投诉管理制度,以保证旅游者、旅游经营者(含旅行社)及从业人员的合法权益不受损害。

在我国,有关部门处理旅游投诉的适用法(如《民事诉讼法》、《产品质量法》、《消费者权益保护法》等)和专门规定(如《旅游投诉暂行规定》等)早已颁发,但旅行社自身对旅游投诉的管理相对滞后,有的旅行社在出现旅游投诉时消极应对以致重复投诉时有发生。

在我国,对旅行社的投诉一直是旅游投诉的"重灾区",国家旅游局质监所公布的由其受理的对旅行社投诉案件:2000 年为 2980 件,2001 年为 3463 件,2002 年为 3879 件,均占了当年其受理的旅游投诉案件的 60% 以上。应该说,国家旅游局质监所受理的只是全国旅游投诉案件的一小部分,但这反映出对旅行社的投诉占了旅游投诉案件 60% 以上的状况是有普遍性的。

在旅行社管理中,必须高度重视投诉管理,尽快建立、健全投诉管理制度,并确定相应的程序、规范。

一、旅行社投诉管理的概念

旅行社投诉管理是指旅行社通过分析引发旅游者投诉的事由,采取预防措施尽量避免出现投诉或减少重复投诉。对出现的投诉,能以积极的态度、正确的程序和有效的方法及时稳妥地处理好,并由此促进服务质量提高的管理过程。

投诉管理是旅行社质量管理乃至全面管理工作的重要组成部分,旅行社的投诉管理应形成制度,让全体员工都能正确地认识和处理好投诉事宜。

二、旅游者投诉的事由

引发旅游者投诉的事由很多,大到旅游者的人身伤亡,小到服务人员一句不当言辞的伤害都可能引起投诉。在投诉者中,除极个别人可能是恶意投诉外,绝大多数人的投诉是经过一番考虑后才作出的,应该说基本上是事出有因,言之有据的。

根据《旅游投诉暂行规定》,旅游者对下列损害行为,可以向旅游投诉管理机关投诉:

(1)认为旅游经营者不履行合同或协议的。

(2)认为旅游经营者没有提供价质相符的旅游服务的。

(3)认为旅游经营者故意或过失造成投诉者行李物品破损或丢失的。

(4)认为旅游经营者故意或过失造成投诉者人身伤害的。

(5)认为旅游经营者欺诈投诉者,损害投诉者利益的。

(6)旅游经营单位职工私自收受回扣和索要小费的。

(7)其他损害投诉者利益的。

三、旅游者投诉的渠道

根据1993年10月31日全国人大常委会通过的《中华人民共和国消费者权益保护法》第三十四条规定,消费者和经营者发生权益争议的,可以通过下列途径解决:

(1)与经营者协商和解。

(2)请求消费者协会调解。

(3)向有关行政部门申诉。

(4)根据与经营者达成的仲裁协议提请仲裁机构仲裁。

(5)向人民法院提起诉讼。

另外,该法第三十二条规定:对损害消费者合法权益的行为,通过大众传播媒介予以揭露、批评。

四、旅行社对待投诉的态度

(一)旅行社应尽量杜绝或减少投诉

投诉源于顾客对旅行社接待工作的不满意,无论处理投诉时责任如何认定,投诉对旅行社来说无论如何都不是一件好事,它至少会影响旅行社在公众特别是潜在顾客中的形象,牵扯旅行社管理者的很多精力,也不可避免地会给旅行社的各种利益造成损失。因此,要通过平时加强管理等措施来防范投诉的出现,至少避免出现重大责任投诉事件。

(二)旅行社应正确对待出现的投诉

1. 旅行社应积极地看待客人的投诉

从管理的角度看,客人的投诉是正确评价和提高旅行社产品与服务质量的重要途径,特别是当客人先向旅行社投诉时这表明客人在很大程度上还是相信旅行社的或寄希望于旅行社的。对此,旅行社的管理者应抱着感激的心情和诚恳的态度来应对,尽量把“坏事”变成好事,从而改进和提高自身的经营管理工作,最大限度地减少投诉引发的负面影响,避免今后再出现类似的投诉。如果旅行社的管理者对投诉一开始就抱着一种回避、反感甚至对抗的消极态度,不但无助于纠纷的和解,反而会激化矛盾,使后续的投诉升级或复杂化。

2. 旅行社应冷静地分析出现投诉的原因

首先,应弄清投诉的事由,特别要注意事实和证据;

其次,应分析投诉者心理,投诉者一般的投诉心理是求发泄、求尊重、求补偿;

最后,应估量自身责任,即初步判断旅行社自身有无责任、责任大小如何。只要旅行社自身有责任,就应勇于承担应该承担的那部分责任——作为管理者应谨记:“冤家宜解不宜结”,法律、仲裁、舆论等一般都倾向弱者。

3. 旅行社应及时稳妥地处理好投诉

及时、稳妥地处理好投诉既是一种处理投诉的积极态度，也是一种处理投诉的管理艺术，它体现了旅行社管理者处理投诉的效率和效果。

五、旅行社直接受理投诉的管理

在我国，与受理旅游投诉的国家权力机关、仲裁机构、大众传媒相比，旅行社受理旅游者的直接投诉管理显得严重滞后和被动，很多旅行社还没有建立、健全一整套处理旅游者投诉的管理制度和程序规范，这是一个急需旅行社管理者高度重视的大问题。随着我国旅游市场的规范发展和旅游者维权意识的增强，旅行社主动加强直接受理投诉的管理显得尤为重要。

（一）旅行社受理旅游者投诉的机构和人员

1. 指定内设机构负责

旅行社除认为有必要可以单独设立投诉的机构外，一般都不必单设该机构，但要指定相应的内设机构负责这方面的工作。国外的旅行社，大多由质监部或客户部负责；我国的旅行社，由质监部、接待部、营销部、公关部或总经理办公室等负责，但不管是放在哪个部门，都要有相应的专职、兼职人员负责这方面的工作。

2. 全社人员重视投诉

旅行社应明确规定本社全体员工凡是首个接触旅游者当面（包括电话）投诉的人都应该先礼貌接受投诉，绝不能置之不理或以各种借口推诿。然后按处理投诉的程序规定和自己的权限向上级或专、兼职人员汇报，进入处理投诉的工作程序。

3. 选配合适人员

旅行社应选配合适的处理投诉的专职、兼职人员。从国内外的经验来看，最好是中年女性，看上去比较稳重、富有同情心、文字记录和语言表达能力较强，还要给她一个合适的头衔，如总经理代表、客务经理等。

（二）旅行社处理旅游者投诉的程序

旅行社接受旅游者当面直接投诉时，应按以下程序进行：

第一步，礼貌待客。接待最好安排在会客室，这样便于让客人就座，并提供茶水。切忌在纷乱的场合或大庭广众下受理投诉。

第二步，耐心倾听。除适当表示理解、同情外，不要打断客人的陈述。关键环节可视情况询问客人。在倾听过程中，要认真进行记录。

第三步，初步表态。在倾听完客人的投诉后，要诚恳地向客人表示歉意（从给客人添麻烦和受委屈的角度来说），表示感谢（从客人信任旅行社的角度出发），表示重视（从理解和同情客人的角度来讲）。

第四步，作出答复。对事实清楚和客人不过分的要求，在受理者职权和程序规定以内的投诉，应及时给予处理答复，如批评被投诉者，给予投诉者适当补偿，赠送致意品等，对事实尚待弄清、客人要求过高、超出受理人权限规定的投诉，可以先建议客人稍等片刻（一般不要超过 5 分钟），以便自己向领导请示。

第五步，请示汇报。无论受理人向哪位社领导请示，也无论该领导是否决定亲自出面接待投诉者，该领导应该是旅行社处理此次投诉的最后一位“拍板人”，因为实践证明和专家论证表明，对同一投诉者同一事件的投诉受理人先后不得超过 3 人次，否则会影响投诉者的情绪和处理投诉的效果。为了使“拍板人”作出及时、准确的决策,受理人应在最短时间内汇报清楚相关情况并提出自己的处理建议。

第六步,协商处理。对于比较复杂、棘手的投诉,无论旅行社的“拍板人”是亲自出面还是继续委托、授权受理人处理,都要尽量争取在旅行社这一环协商解决,以免投诉处理的升级和应对成本的加大。

旅行社在向投诉者诚恳表示愿意和解时,应注意引导投诉者:

(1)同意适当延长协商解决的时间,以便让旅行社进一步核实有关情况,但延长的时间一般不宜超过24小时,否则投诉人会失去耐心。

(2)同意考虑适当降低要求条件,以便达成双方都能接受的协议。

(3)同意以某一方的解决方案为基础进行具体协商(因为拟出方案的过程需要理智地“引经据典”)。

(4)同意达成和解后以书面形式由双方确认有效(避免反悔)。

(5)同意在双方难以达成和解时,通过仲裁或调解机构或按行政、司法程序解决(避免个别人的过激行为)等。

第七步,处理结果。

(1)旅行社处理完每次投诉后都要写出书面报告,报告内容包括投诉时间、地点、投诉人基本情况、投诉事由、客人要求、受理人、处理过程、事实依据、处理结果、改进建议等。

(2)旅行社受理人应将投诉处理结果以书面形式送达投诉者,并再次向投诉人表示歉意,欢迎投诉人继续关心、支持旅行社的工作。

(3)旅行社要定期对投诉处理情况进行汇总、分析,采取相应措施加强标准化、程序化、规范化的质量管理,以减少乃至杜绝投诉事件的重复发生。

(4)对出现的重大投诉和由此造成的损失,要严格按照质量管理制度和相关规定,对直接责任人、相关责任人乃至总经理本人都要作出相应处罚。

六、旅行社应对旅游者间接投诉的管理

旅游者的间接投诉是指旅游者没有直接向旅行社投诉或虽直接向旅行社投诉但未能达成和解而向社会有关部门提出的投诉。

间接投诉是旅游者拥有的权利,有关部门受理投诉是职责所在,应对好投诉也是旅行社管理的重要内容。旅行社为了维护自身的合法权益,应采取积极的应对态度和恰当的应对策略,做好间接投诉的管理工作。

(一)熟悉有关部门处理旅游者投诉的规定

(1)大众传播媒介。拥有舆论监督权,对旅游者的投诉一般采用读者来信和记者采访报道两种形式披露,其中记者采访须采访双方并站在公正立场。

(2)仲裁机构。只有旅游者与旅行社签订的合同中双方约定出现纠纷时所共同认可的仲裁机构才有权对合同纠纷作出仲裁。

(3)消费者协会。受理旅游者投诉,并对投诉事项进行调查、调解。

(4)政府的工商局、旅游局(及其授权的质监所)。有权决定是否受理旅游者投诉,受理后有调查、调解和行政决定权。

(5)人民法院。有权决定是否受理旅游者的诉讼请求,立案后有调查、调解和判决权。

(二)掌握对自己有利的过硬证据

任何受理投诉的部门都会重视证据,旅行社为了防止出现投诉或预防一旦出现投诉而缺乏对己有利的证据,在日常的管理中,就要对接待的每批游客(包括每位散客)建立完整的档案。在应对间接投诉时,旅行社要能提供相关的书证、物证、视听资料、证人证言、当事人的陈述、鉴定结论、勘验笔录和现场记录等客观属实而又经得起审查检验的过硬证据。

(三)具有免责或减责的充分理由

1. 损害是由不可抗力或旅游者本身原因造成的

依据有关规定,由于不可抗力因素或旅游者本身原因造成的损害,旅行社不承担赔偿责任。其中属旅游者自身原因的情况指:

(1)旅游者在旅游行程中,由自身疾病引起的各种损失或损害。

(2)旅游者在旅游行程中,由于个人过错导致的人身伤亡和财产损失。

(3)旅游者在自行中止旅行社安排的旅游行程后,或在不参加双方约定的活动而自行活动的时间内,发生的人身、财产损害。

2. 在出现问题前旅行社已采取措施的

依据相关规定,旅行社在旅游质量问题发生之前已采取了以下措施的,可以减轻或免除其赔偿责任。

(1)对旅游质量和安全状况已事先给予旅游者充分的说明、提醒、劝诫、警告的。

(2)所发生的质量问题是非故意的、非过失或无法预知或已采取了预防性措施的。

(3)质量问题发生后,已采取了善后处理措施的。

3. 损害不是由旅行社造成的

依据相关规定,属于与旅行社有关的其他部门、单位、个人过错造成旅游者利益受到损害的,旅行社不应负直接责任,受理机关或机构应转送过错部门、单位处理;即使旅行社有一定连带责任而先行代之受过的,也应申明理由并保留对其投诉的权利。

(四)采取恰当的应诉策略

(1)旅行社在明确知道是自身的过错或自身有一定过错的情况下,应争取在受理部门提出和解及调解时,与投诉者协商解决为宜。

(2)旅行社在明确知道自身绝无过错而投诉者又坚持投诉的情况下,应凭过硬的证据和充分的理由应诉,必要时还可反诉,争取受理部门责令投诉者向自己赔礼道歉并承担相应的赔偿责任。

(3)旅行社对受理部门量度适当或基本适当的处理决定应表示服从,及时向旅游者赔礼道歉、赔偿损失,以勇于承担责任的诚信姿态示人。

(4)旅行社对受理部门严重失当的处理决定不服时,应依法提请行政复议、行政诉讼或向人民法院起诉、上诉。

(5)旅行社在应对重大、复杂的投诉事件时,应聘请精通旅游投诉的律师并与自己投保旅行社责任险的保险公司保持密切联系。

(五)总结经验教训、加强服务质量管理

旅行社应对旅游者的间接投诉,无论最后的处理结果如何,对旅行社来说都是一个活生生的案例。经验教训表明:旅行社只有时时处处维护旅游者的合法权益才能真正维护自身的合法权益,而要维护好二者的合法权益,只有全面提高和保证旅行社的服务质量才能实现。

【典型案例】

谁该为产品的质量负责?

某旅行社接待了一个观光旅游团去某度假村游览,中午在度假村的餐厅吃饭。用餐时,一位客人发现菜里有苍蝇,客人很生气,并要求服务员换菜。服务员不答应,还与客人吵了起来。客人将导游叫来,再求其处理这件事情。导游说换菜,这时客人却不答应,原因是服务员态度极差,客人要求赔偿经济损失,同时还要求精神赔偿。在导游到来以后,服务员仍然不同意换菜,并且说:"我们这里就这样。"这句话再次激怒客人,客人一气之下把旅行社告上法庭,要求旅行社赔偿相关损失。最后,法院判客人胜诉。

在本案例中,餐厅服务员的恶劣态度直接影响了旅行社产品的质量,因此,客人投诉要求赔偿的理由是正当的。这个案例再次说明旅游产品是由食、住、行、游、购、娱等几个环节组成的,具有综合性,每个环节出现质量问题都会影响到整体的旅游产品质量。为了保证旅游产品的质量,旅行社在进行相关服务产品的采购时,应严格选择相关的服务供应商,并对服务供应商加强管理,从而保证整体旅游产品的质量。

本章小结

质量是旅行社的生命和责任。旅行社管理者要有强烈的质量意识,把确保安全放在首位,严格按照国家和行业质量标准提供优质产品和服务,加强质量监控,尽力规避质量风险,同时以积极的态度和妥善的步骤、方法处理好游客的相关投诉。

思考与练习

1. 旅行社质量的含义和特征是什么?
2. 你认为旅行社应从哪些方面去提高服务质量?
3. 怎样注意旅游活动各环节的安全防范?
4. 建议进行一次旅行社直接受理旅游者投诉的模拟演练。

第8章 旅行社信息化管理知识

学习重点

- 信息技术在旅行社中的具体运用体现在哪些方面
- 信息技术的应用对旅行社有哪些影响
- 旅行社信息化与旅行社信息化管理的概念
- 旅行社实施信息化管理的基础、旅行社信息化建设的方法与过程
- 旅行社电子商务的概念、旅行社电子商务系统的构成、旅行社电子商务应用系统的构成

第一节　信息技术在旅行社中的应用

一、信息技术在国外旅行社中的应用

信息技术在国外旅行社中的应用可以追溯到20世纪70年代中叶开始的终端售票机的使用,以此为标志,旅行社开始了应用信息技术的进程。80年代中期人们开始广泛关注信息技术对于旅行社发展的作用,越来越多的旅行社开始探索和寻求适合自身业务特点和需要的信息技术系统,使信息技术在旅行社业逐步普及,而且越来越具有实用性。

概括来说信息技术在国外旅行社中的应用分为内部应用和外部应用两大部分。信息技术的旅行社的内部应用,主要是指将信息技术应用于旅行社的内部管理。信息技术在我国旅行社的内部应用,主要有旅游团的预订及流量的综合平衡;旅游团计划安排;旅游团费用结算;旅行社内部财务管理;各种数据的查询、统计分析,以及客房、车辆、导游人员的科学调度;办公自动化等。

信息技术在旅行社的外部应用,主要包括以下几个方面:

(1)进行广告宣传与咨询服务。进行广告宣传是运用互联网技术最普遍的一种方式。运用网络进行广告宣传的具体形式有三种:WWW主页形式、电子邮件形式和附属形式。网络广告具有形式丰富、互动性强、成本低、及时更新性强和覆盖面广等优点。除了进行广告宣传外,还利用信息技术进行咨询服务。例如,英国旅行社广泛采用的"视频信息系统"。该系统是英国电信公司1979年9月运用计算机技术和通信技术建立的数据信息传输系统,它通过电话公用网络把终端设备和计算机中心联系起来,用户利用终端可以进行计算机中心数据库中情报的检索,并把检索结果显示到终端屏幕上。其查询的内容可以是各国旅游风光、旅游活动项目、各种包价旅游线路、日程、价格、旅游饭店设施、等级和房价等。该系统同时还提供国际国内的航空、铁路、海运等运输公司的时刻表和服务项目。旅行社通过安放在其营业场所的终端显示设备,就可以查询相关信息,从而及时答复旅游者的询问,有利于

开展业务。同时,通过该系统还可以进行机票预订。

(2)预订业务。旅行社可利用信息技术进行预订业务。例如,世界著名的太阳神(A-POLLO)电脑系统。该系统是美国联合航空公司在1976年研制的,它不仅可以帮助旅行社查询机位、票价和兑换率等资料,还可以大量预订航班、汽车、客房等。

(3)进行电子商务活动所谓电子商务。是指运用信息技术来支持企业的整个运作流程,包括制定企业发展策略、提供销售支持、连接合作伙伴、通过外部网络将企业的各个部门与供应商和经销商连接,通过内部网络进行内部通信。目前旅行社的电子商务主要分为两部分:旅行社与消费者之间的交易(如网上购买旅游产品)和旅行社与旅行社之间的交易(如网上订购、付款)。前者是利用互联网为旅游消费者提供旅游产品和服务,后者是利用网络传递商务信息,完成订购和付款。

(4)利用网络建立旅行社的客户网络。旅行社可以通过互联网提供的各种服务(如网上调查、电子公告和电子邮件等),建立自己的客户网络。在建立了自己的客户网络之后,旅行社就可以大大缩小销售范围,而只需针对自己的客户网络所网罗的客源开展有目的的营销活动,从而提高营销的效率。通过一对一的定制化营销,旅行社可以提供丰富、新颖、独特的信息资料,从而建立固定的客户网络,取得最佳的销售效果。

二、信息技术在我国旅行社中的应用

信息技术在我国旅行社的应用开始于20世纪80年代初期。中国国际旅行社总社在1981年就开始使用超小型计算机,主要用于旅游客流的控制,防止在饭店供应紧张时的超额预订,同时也用于财务管理和数据统计处理等方面,这一时期对计算机的使用还是“分散式”的单机使用状态。1993年7月20日以国旅总社为中心,由西安、桂林、广东、浙江、南京、无锡和苏州等国旅集团成员企业及航空公司、铁路、汽车公司、饭店、餐馆等相关企业组成的我国第一个以旅行社为龙头的跨地区、跨行业的经营性电脑预订网络,标志着我国旅行社开始走向网络经营的道路,也说明信息技术在我国旅行社中的应用范围越来越广。

从我国旅行社近年来应用信息技术的状况来看,其范围主要有旅游团的预订及流量的综合平衡、旅游团的计划安排、旅游团费用结算、旅行社内部财务管理、各种数据的查询、统计分析、客房、车辆、导游人员的调度、办公自动化等。但是,总的来说,我国旅行社对信息化技术的运用还处于初级阶段,明显落后于西方旅游发达国家,存在的主要问题是:

(1)我国大多数旅行社对计算机的运用,仅仅限于计算机的初级使用上,即仅仅利用计算机处理问题及相关数据。即使有个别旅行社采用计算机进行管理,但也主要是集中在内部管理上,并没有把计算机运用到外部营销、账目结算和形象宣传等方面。

(2)缺少既懂得旅行社业务又懂电脑的专门人才,有的旅行社甚至根本没有懂电脑的人员,以至于旅行社购买的电脑成了充门面的摆设。

(3)旅行社与其他相关企业的系统联网没有实现,现在只是个别企业之间的小范围联网。

(4)我国旅行社与世界上比较有影响的旅游电脑网络系统缺乏足够的联系。

三、信息技术的应用对旅行社的影响

(一)积极影响

(1)提高旅行社的工作效率。根据专家估计,采用信息技术可以使旅行社节省大量的时间,仅在机票预订方面就可以节省50%以上的时间。另外,运用计算机进行联系可以减少不必要的客套和扯皮。此外,自动预订系统可以自动签署、印制通知单和日程表,其速度大大高于工作人员的手工操作。

(2)提高旅行社的管理水平。信息技术可以为旅行社各管理部门随时提供准确、全面的信息,方便其科学决策。信息技术还可以使旅行社各环节的操作更加规范化,使旅行社内部各部门的衔接更加紧密。另外,信息技术还可以帮助旅行社减少雇员,节省人力成本。

(3)信息技术有利于提高旅行社的服务质量。运用信息技术旅行社可以使自己的产品更加符合旅游者的需求,从而提高其产品质量。利用信息技术旅行社还可以减少人为的错误,减少不必要的麻烦。此外,旅行社的工作人员借助信息技术还可以迅速回答客人的询问。所有这些都有助于提高旅行社的服务质量。

(4)信息技术有利于旅行社实现规模扩张和规模经济。旅行社的业务特点决定了旅行社对相关信息具有很强的依赖性,信息技术可以帮助旅行社提高信息使用效率,由此大大提高旅行社的业务操作能力和经营效率,从而使旅行社业务规模的扩张和规模经济的实现变得切实可行。另外,当旅行社业务运行中信息技术含量达到一定程度时,旅行社必须达到一定的业务规模才能够回收其在信息技术设备和技术开发方面的投入。与此同时,旅行社只有达到一定的业务规模,信息技术才能发挥自身的优势,使企业获得规模效益。

(二)消极影响

1. 对旅行社业务的威胁

信息技术的出现,可能使旅行社失去部分现有的业务。随着互联网的逐步普及,旅游信息资料越来越被整个社会所共享,人们可以通过互联网快捷地查询目的地的相关信息,可以直接预订旅馆、航班、旅游景点,从而对旅行社现有的业务构成威胁。

2. 旅行社的安全管理问题

计算机网络的安全问题随着信息技术在旅行社的普及而日益突出。例如,美国汤姆逊旅行社女雇员报复性地删除计算机预订信息,造成了人量游客滞留海外的严重后果。特别值得注意的是,近年来各类计算机病毒也对信息技术的应用构成威胁。

四、个案研究——RT的启示

RT是罗森布鲁斯旅行社(Rosenbluth Travel)的简称,它是美国费城的一家家族企业。在1980—1990年十年间,RT由一家小型旅行社一跃成为全美五大旅行社之一,其营业额也从1980年的4000万美元猛增到1990年的10亿美元。RT成功的原因主要有两点:从外部环境来看,RT的成功是由于其经营者准确地预见了航空管制取消对美国旅行社业的影响,并充分地抓住了这一机遇;从企业内部而看,RT的成功主要是因为其经营者创造性地将信息技术作为其战略的基础和核心,使其技术条件一直处于行业领先地位。当然,不可否认RT的经营者的经营哲学对于其成功的作用,但信息技术的应用是RT经营战略得以实现的技术保证,是其成功的关键所在,对于其他旅行社有很强的示范效应。

(一)《航空管制取消法案》与RT的经营战略选择

RT成立于1892年,当时它是一家典型的家族式企业,在1978年以前RT仍然是一家小型的地区性旅行社。1978年美国颁布了《航空管制取消法案》,为RT的发展提供了历史性的机遇。

由于历史性的原因,在美国旅行社业的收入来源中,航空代理收入一直是一项重要的业务来源。取消航空管制对于美国旅行社业发展产生了巨大的影响，主要表现在以下方面：

1. 取消航空管制使得美国航空运输业的航线和价格趋于多元化和复杂化，而为缓解这一复杂状况的计算机预订系统（CRS）自身的复杂性，使得人们非常需要专业化的服务，因此，旅行代理商的作用就显得十分重要。

2. 随着世界经济一体化进程的加快，美国企业的公务旅行支出迅速增加，使各企业认识到科学管理公务旅行支出的重要性。公务旅行市场成为美国旅行社业日益重要的细分市场。

3. 信息技术的发展为旅行社凭借信息技术提高规模经济水平提供了可能，同时，信息技术的高投入也要求规模经营。

在这种情况下，RT 的经营者哈尔·罗森布鲁斯高瞻远瞩，准确地预见到公务旅行市场的巨大潜力，同时也意识到了信息技术在新的经营环境中的重要作用和旅行社实施规模经营的必然性，因此，他确定了以公务旅行市场为目标，以信息技术为媒介，以全面满足公务旅行者需要为目的的企业扩张战略。

（二）信息技术与 RT 的快速扩张

在哈尔·罗森布鲁斯的战略思想的指导下，RT 迅速成为信息技术开发与利用的排头兵。RT 在 CRS 的基础上，先后根据目标市场的不断变化，开发出了 READOUT、VISION、USERVISION、PREVISION 和 ULTRAVISION 等系统，并以此为基础不断扩大企业规模。

1981 年，RT 建立了美国第一家旅行社商务预订中心，目的在于通过服务专业化的目标市场实现规模经济，并为收集和使用信息进行设备方面的准备，为提供高效的服务奠定基础。

1983 年 RT 成功地开发了 READOUT 系统，改变了预订系统中按照传统的起飞时间排列航班表的方式，开始按照票价由低到高排列航班顺序。这一系统的应用有助于企业在复杂多变的航空价格中最大限度地节省旅行费用，从而为 RT 获得更为广阔的客源市场。1983 年到 1985 年的两年间，RT 的机票销售量上升了一倍，并从一个地区性的旅行社发展成为一个全国性的旅行社。

1986 年，RT 为了冲破 CRS 的束缚，自行开发了 VISION 系统。该系统是一个后台管理系统，可以使 RT 在运用 CRS 进行预订的同时，将 RT 的所有预订交易信息同步传入 VISION 系统，并可在 24 小时内完成有关预订交易的检查和处理。这一系统能使 RT 在预订交易发生 24 小时后就获得准确、完整的预订记录，而其他使用 CRS 后台管理系统的旅行社则要在交易发生 45 天后才能获得有关的交易记录。因此，VISION 系统不仅可以帮助 RT 及时向客户报告有关旅费支出情况，而且可以使 RT 随时掌握与有关服务供应商（如航空公司）的预订交易数量，这些信息可以用来支持旅行社与供应商的谈判，以利于旅行社获得较低的价格。在这一系统支持下，RT 不再像其他旅行社那样通过向客户提供回扣吸引公务旅行业务，而是在与供应商建立良好的服务和伙伴关系的基础上，确保其客户获得低廉的票价，从而节省旅行费用。VISION 系统的交易记录报告可以对此提供有力的证明。与此同时，RT 本身仍然可以获得 10% 的标准销售佣金。

此后，RT 又进一步开发出 USERVISION 系统，为客户提供直接联机服务。这一系统不仅可以使 RT 自身在 24 小时后获得 VISION 系统中的信息，而且使与其联机的所有客户都能迅速获得旅行费用方面的最新信息，极大地方便了客户的经营决策。

1988 年,RT 应用 APOLLO 预订系统提供的专卖权开发了 PREVISION 系统。这是一个前台支持系统,可以为 RT 所有的营业点提供客户的公司政策档案和旅行者的旅行记录,大大减少了数据的重复输入,使前台操作的精确性和工作效率都得到提高,同时大大方便了客户的预订。

RT 随后开发的 ULTRAVISION 系统是信息自检系统,具有纠错功能。这一系统与正常的预订过程同步运行,应用从 VISION 系统中提取的数据监测当前交易的完备性和准确性,错误的识别与改正能够与预订同步进行,极大地提高了 RT 的服务质量。

此外,RT 为适应其客户业务不断国际化的发展趋势,将其服务范围延伸至其客户足迹所至的主要国家和地区,在当地选择可靠的合作伙伴,依照 RT 的服务模式向其客户提供标准化的旅行服务,并为此在 APOLLO 系统和电子邮件的基础上建立起 RT 国际联盟,其全球分销网络在国际化经营中起着核心和基础的作用。

由上可以看出,RT 在航空管制取消后起步到国际化扩张的发展过程中,体现了其创立者的战略思想,信息技术在这一战略思想的实施过程中成为不可或缺的技术保障。RT 对同行的启示不仅仅体现在 RT 对信息技术的具体应用方面,更重要的是其创造性地将信息技术作为实现企业战略的手段,并充分运用信息技术最大化地满足客户不断变化的需求。同时,RT 在信息技术方面的长期积累和开发能力已经成为 RT 重要的资源壁垒,它有效地制约了竞争对手的竞争能力。此外,以现存信息技术,如 CRS 和 APOLLO 为基础进行技术开发,也是 RT 留给同行们的重要启示。

第二节 旅行社信息化管理

一、旅行社信息化和旅行社信息化管理的基本概念

旅行社信息化是以旅行社为主体,以现代信息技术为基础,以信息为战略资源,以人力资源及相应的组织模式为内容,大幅度提高旅行社信息服务能力,以增强旅行社的竞争力,更好地满足旅游者的需要。简言之,旅行社信息化就是指信息革命对旅行社的影响迅速扩大的现象。旅行社信息化管理就是基于旅行社的信息化而对旅行社进行的管理活动。

二、旅行社实施信息化管理的基础

旅行社实施信息化管理的基础是信息技术的成熟和发展。信息技术产生于 20 世纪中叶,并在 20 世纪 90 年代得到了企业的广泛应用。信息技术以计算机和现代通信技术为基础,其作用的主要方式是通过计算机网络进行数据传输。

信息技术的应用主要体现在计算机网络的应用和数据库系统应用等方面,应用的范围包括市场调研、产品开发、供应链管理、市场开发、客户管理等。其中计算机网络的应用又以国际互联网为主。

所谓计算机网络就是利用通信线路把分布于不同地理区域的多个具有独立功能的计算机系统与专门的外部设备互相连接起来,通过功能完善的网络软件,按照网络协议进行数据通信,实现资源共享的一种技术。按照规模大小和延伸范围,计算机网络又可以分为局域网和广域网。

所谓的数据库系统是由数据库、数据库管理系统、数据库管理员和应用程序所构成的有机体。数据库就是长期储存在计算机内的、有组织的、可共享的数据集合,也是现实世界中

相互关联的大量数据及数据间关系的集合。数据库管理系统是管理数据库的软件,它实现数据库系统的各种功能,是数据库系统的核心。应用程序是指以数据库为基础的各种电脑程序,应用程序的主要目的是对数据库中的数据进行有效应用,应用程序对数据库中数据的应用是通过数据库管理系统实现的。数据库管理员是对整个数据库系统进行管理和维护的人员。

三、旅行社信息化建设的方法和过程

(一)做好规划和准备

旅行社信息化对旅行社是一次机遇,也是一个艰苦而富有挑战性的工作。在因特网的基础上,旅行社必须首先解决好基础管理问题,抓住旅行社经营的核心要素,更直接地与网络时代的经济紧密融合。旅行社信息化建设,需要注意以下几个方面的认识。

1. 成立专门的机构进行整体规划

信息化具有综合性、系统性和整体性的特点,是一项系统工程,涉及旅行社的各个方面。旅行社信息化必须坚持"统一规划、统一投资、统一标准、统一建设和统一管理"的工作原则。必须清楚地认识到信息化的本质,不能简单地理解为购买了计算机、建立一套网络或者上了网就是实现信息化了,要看到信息化建设是由硬件和应用工作两部分组成的。硬件建设是必要条件,应用才是根本目的。

2. 加强信息化建设工作的地位

旅行社应尽快将加强信息化工作纳入到议事日程中来。要有专门的机构来推进信息化建设,并且推进旅行社信息化建设的管理机构要具有高层次的综合职能,才能适应信息化发展内在规律的要求。因此,这个部门应该是一个全局性、独立的部门,要懂技术、能管理和会规划三者合一,不能简单地由某个科技或规划部门兼管。

3. 旅行社管理层高度重视

旅行社管理层,特别是高层管理者对信息化的重视、期待和参与程度是旅行社信息化获得成功的关键。没有高瞻远瞩的高层管理人员来领导这项工作,没有责任心强、工作勤奋和精通通信技术的工作人员来负责这项工作,旅行社信息化是很难发挥效用的。

(二)构建网络平台,实现资源共享

如何有效合理地将旅行社的人、财、物等资源更好地优化配置,是旅行社经营管理的根本之道。传统的旅行社经营管理主要以金字塔形直线管理模式为主,纵向上由职能部门对所属业务进行垂直管理。这样的管理模式在传统的旅行社运作中具有一定的积极作用。但是随着新经济时代的到来,它的副作用也日益明显,即横向上各部门之间缺乏有效的信息交流手段,纵向上信息的下行和反馈行为迟缓,不能高效率地组织好信息资源。所以,利用现代信息技术来改善传统的旅行社经营管理模式,就必须构建一个供大家共享资源的平台,即信息网络平台。实现的方法就是进行计算机网络建设,并与数据库和应用软件开发相配套。

现在内部互联网作为一种利用因特网技术组建企业内部网络的成熟先进技术,已经成为企业各部门之间信息查询的通用平台,是实现企业信息化的最重要途径。这种解决方案在实际应用中是切实可行的,目前已有成功的先例可以借鉴。尤其是计算机网络系统结构已经从过去的终端/主机模式、客户/服务器模式发展到现在的浏览器/WEB 服务器模式。浏览器/WEB 服务器实现了开发环境与应用环境的分离,使开发环境独立于用户前台应用环境,便于用户的使用。在业务应用方面,达到将企业各部门业务信息管理系统构筑到网络

平台之上，帮助企业实现决策支持。在内部信息发布方面，达到企业的新闻消息、重大事件、生产行为、决策信息快捷准确地发布到内部网上，每一名关心企业发展的员工都可以在第一时间了解企业的有关情况。

(三)启动上网工程

旅行社上网包含两方面的含义：一是旅行社登录因特网，浏览查询各类信息，帮助旅行社了解外部世界，从而快速地寻找到有价值的信息；二是旅行社在因特网上建立自己的网站和主页，让众多的上网者了解企业的有关情况，达到宣传自己，提高影响力的目的。旅行社上网是旅行社信息化的重要内容，旅行社网站在现代及未来的资讯社会将成为不可缺少的企业识别标志之一，有人将其形象地称为企业的电子商标。由于因特网在全球迅速普及，上网人数呈几何级数增长，一些具有前瞻性的旅行社纷纷启动上网工程，建立自己的网站，这样不仅可以展示旅行社的形象，提高知名度，更有利于旅行社与社会之间的信息联系、沟通及互动交流。

(四)实施旅行社组织机构的再造

旅行社信息化建设并不是一个单纯的技术问题，而是一项系统工程，它不仅包括了计算机软硬件技术、网络技术，更重要的是在信息化过程中，必须对企业的管理制度、组织机构、运行体制进行深层次的变革。信息技术对企业组织机构的一个主要影响是要求组织机构扁平化、企业组织虚拟化。企业只有经过组织机构变革、管理与业务流程的再造，才能建立与信息化相匹配的内部管理模式，最终实现旅行社的信息化管理。

第三节 旅行社电子商务

一、旅行社电子商务系统的构成

从技术角度来看，旅行社电子商务系统由旅行社内部网、旅行社内部网与因特网的连接、电子商务应用系统三部分构成。

(一)旅行社内部网

旅行社内部网由 WEB 服务器、电子邮件服务器、数据库服务器、电子商务服务器和客户端的 PC 机组成。所有这些服务器和 PC 机都是通过网络设备集线器(HUB)或交换器(SWITCH)连接在一起。WEB 服务器最直接的功能是向旅行社内部提供一个 WWW 站点，借此可以完成旅行社内部日常的信息访问；邮件服务器向旅行社内部提供电子邮件的发送和接收；协作服务器主要保障旅行社内部某些部门能协同工作；账户服务器提供旅行社内部网络访问者的身份验证，不同的身份对各种服务器的访问权限将不同；客户端 PC 机上要安装有因特网浏览器，借此访问 WEB 服务器。

在旅行社内部网中，每种服务器的数量随旅行社的情况而有所不同，例如，如果旅行社内访问网络的用户比较多，可以放置一台企业 WEB 服务器和几台部门级的 WEB 服务器；如果旅行社的电子商务种类比较多样或者电子商务的业务量比较多，可以放置几台电子商务服务器。

(二)旅行社内部网与因特网的连接

为了实现旅行社与旅行社之间、旅行社与用户之间的连接，旅行社内部网必须与因特网进行连接，但连接后，会产生安全问题。所以在旅行社内部网与因特网连接时，必须采用一些安全措施或具有安全功能的设备,这就是所谓的防火墙。

为了进一步提高安全性,旅行社往往还会在防火墙之外建立独立的 WEB 服务器和邮件服务器供旅行社外部访问用,同时在防火墙与旅行社内部网之间,一般会有一台代理服务器。代理服务器的功能有两个:一是安全功能,即通过代理服务器,可以屏蔽旅行社内部网内服务器或 PC,当一台 PC 访问因特网时,它先访问代理服务器,然后代理服务器再访问因特网;二是缓冲功能,即代理服务器可以保存经常访问的因特网上的信息,当 PC 机访问因特网时,如果被访问的信息存放在代理服务器中,那么代理服务器将把信息直接送到 PC 机上,省去对因特网的再一次访问,可以节省费用。

(三)电子商务应用系统

在建立了完善的企业内部网和实现了与因特网之间的安全连接以后,旅行社已经为建立一个好的电子商务系统打下了良好的基础,在这个基础上,再增加电子商务应用系统,就可以进行电子商务了。一般来讲,电子商务应用系统主要以应用软件的形式实现,它运行在已经建立的旅行社内部网之上。电子商务应用系统分为两部分,一部分是完成旅行社内部的业务处理和向旅行社外部用户提供服务,比如用户可以通过因特网查看旅行社产品的目录、产品资料等;另一部分是极其安全的电子支付系统,电子支付系统使得用户可以通过因特网在网上购物、支付等,真正实现电子商务。

二、旅行社电子商务应用系统的构成

一般来说,旅行社电子商务应用系统包括以下几个模块:认证服务系统、旅游服务系统、网上支付系统、系统管理与维护系统等。

(一)认证服务系统

旅行社认证服务子系统中的认证系统与用户管理相配合,完成用户登录身份的确认。认证系统是建立在用户认证库基础上的,是用户进入系统必须首先通过的环节。只有当系统正式确认了某用户的标志和密码,该用户才有资格进入系统,另外,系统还会进一步认证该用户的权限,如果是合法用户,则允许系统为该用户提供相应的特别服务,否则系统只能对该用户开放一般性的面向公众的服务。

认证系统不仅可以为旅游者、旅游从业人员提供身份认证,可能的话还可以为旅游企业提供企业合同认证、资质认证等服务。企业的资质认证是企业间电子商务发展的基石,在网上从事企业间经济往来时企业首先必须确认对方是否是合法存在的企业,确认对方是否有资格从事电子商务。企业资质认定是完成网上企业主体资格确认、企业信用等级评价等功能,帮助企业正确地认定、评价合作者,是旅游企业电子商务的基础;合同认证是完成合同签订方的主体资格确认,合同的有效性认证等功能是帮助确认企业双方网上电子合同的合法性和有效性。

(二)服务系统

服务子系统是旅行社电子商务的重要组成部分,它专门为旅游者、旅游从业人员和旅行社提供便利的网上服务。该子系统有两个小模块:在线客户服务模块和旅游预订模块。在线客户服务提供网上在线的客户应用程序,可以使客户方便地与旅行社、酒店、民航等旅游服务机构在网上进行实时的洽谈业务,并进行预订的商务活动的记录和管理。旅游预订服务是旅游服务子系统提供的一种主要服务,用户可进入系统,预订旅游饭店、旅行社产品、景区门票、旅游交通等服务。

(三)网上支付系统

涉及网上支付时,一般会采用安全电子交易(Security Electronic Transaction,简称 SET)协议,SET 协议将建立一种能在因特网上安全使用银行卡进行购物的标准。采用 SET 协议进行网上电子交易支付时,主要涉及持卡人、网上支付卡、商户、收单行以及支付网关五个方面。在电子商务环境中,消费者以及公司采购人员通过个人电脑与商户进行沟通交流时,一个持卡人使用发卡行发行的支付卡进行支付。这里的发卡行是一个为持卡人建立账户并发行支付卡的金融机构。发卡行保证使用支付卡对得到授权的交易进行的支付,遵从支付卡品牌的管理规章以及当地的法律法规。商户为了得到付款而提供销售的商品或服务,接受支付卡的商户必须和一个收单行建立特约商户关系。这里的收单行是指为商户建立账户并处理支付卡授权以及支付的金融机构。支付网关是一套运营的软硬件设备,用来处理商户报文,包括来自持卡人的支付指令。

网上支付模式有很多种,这里介绍一种面向商户的 SET(MERCHANT - ORIENTED SET,MOSET)模式。在这种模式下,持卡人的浏览器与商户服务器之间的通信通过标准的安全套接层(Secure Socket Layer,简称 SSL)连接进行,同时也用到了 ISO 8583 交换信息规范。今天大多数的网络浏览器都使用 SSL 进行信用卡支付。当持卡人确定进行购买时,商务服务软件接受持卡人信用卡信息,包括信用卡卡号、到期日以及总金额,然后商户服务器向能够处理 MOSET 支付的支付服务器提交。这些购买信息就能够作为 SET 交易由支付服务器发送给支付网关。

(四)旅游虚拟社区管理系统

旅游虚拟社区的功能就是要吸引访问者持续、稳定地访问,并且引导他们进行网上消费和网下旅游。

(五)邮件列表系统

经常给客户发送站点信息的邮件列表功能也是一个信息平台应该具备的功能:邮件列表的订阅、退订、按邮件列表发送邮件、管理工具。

(六)调查投票系统

这个投票系统将实现如下功能:可订制的显示模式、可定义投票的主题、选项等,防止恶意投票功能、访问者的其他意见、完备的访问统计功能。

(七)系统管理与维护系统

管理维护子系统的作用在于对整个系统进行管理和数据处理服务,确保整个系统正常运行。具体功能有网络系统性能监控与维护,系统运行管理与数据处理服务。

三、旅行社电子商务活动的基本程序

一般来说,旅行社完成一次商务交易活动主要包括以下几个方面的内容:

(1)客户在 INTERNET 浏览各旅行社的网页,查询自己所需要的旅游产品。

(2)客户通过 INTERNET 向旅行社发送购买包价旅游产品的通知单。

(3)旅行社收到通知单后,向客户发送允许购货通知单,并将购货通知单发送到相应的银行,银行对此进行解密和认证。

(4)旅行社获得银行认证客户所持电子信用卡有效性证书。

(5)银行批准旅行社交易进行电子签字。

(6)客户通过网络方式付款。

(7)旅行社向客户提供包价旅游产品和电子收据,并从银行获得款项,交易完成。

四、我国现阶段实施旅行社电子商务的主要障碍

(一)在线付款难以实现

付款是交易过程的最后阶段,也是衡量交易能否最终实现的主要标志,同时还可以对交易的双方产生约束力。但在我国旅行社电子商务体系中,由于交易信用的发育程度比较低、饭店及景区等直接相关的旅游企业的信息技术无法形成网络、金融服务体系不健全等方面的原因,使在线付款难以实现,极大地阻碍了旅行社电子商务的发展。目前采用的付款方式还是传统的付款方式,即将相关款项直接打入对方的账号。

(二)应用信息技术的地区分布不均衡

旅行社实施电子商务的基本要求是信息技术在旅行社中的普及,但我国现阶段旅行社应用信息技术的地域分布还很不均衡,这就限制了旅行社电子商务在我国的普遍推广。在我国,应用信息技术的旅行社在北京、上海、广东占有绝对优势,而甘肃、青海、新疆、宁夏、西藏等地的旅行社应用信息技术的却很少,有的地区甚至根本没有。

(三)网络价格不透明

价格是产品销售中一个不可缺少的有力支撑。但网络的应用结果导致了旅行社产品价格具有高度的透明性,并最大限度地降低了消费者选择不同旅行社产品时付出的搜寻成本。这就使大量运用信息技术的旅行社在价格政策方面处于两难境地:网络价格高了会吓跑潜在的旅游者,网络价格低了又会冲击传统的销售渠道。所以网络价格政策的确定成了旅行社亟须解决的问题。

(四)对独立域名重视不够

域名就是网址,它是企业在信息社会中生存的位置,是企业在网上保护自身权益的有效途径。旅行社只有有了自己的域名,在电子商务活动中才能让别人访问自己。域名注册是旅行社在网上发布信息、宣传自己的产品、在线预订和其他服务的基础。域名具有唯一性。我国现阶段多数旅行社在网上都没有独立域名,而是挂在某个网站域名的后面,这就存在给旅行社带来潜在损失的风险。

本章小结

本章介绍了有关旅行社信息化管理的基本知识。本章首先介绍了信息技术在国内外旅行社中的应用以及信息技术的应用对旅行社的影响,这构成本章第一节的内容。在此基础上,本章的第二节介绍了旅行社信息化与旅行社信息化管理的概念、旅行社实施信息化管理的基础、旅行社信息化建设的方法和过程等方面的内容。本章的第三节则对旅行社信息化中一个十分重要的方面(旅行社电子商务)进行了具体的阐述。

思考与练习

1. 我们应从哪些方面入手来运用信息技术提高我国旅行社的经营和管理水平?
2. 与国外的旅行社相比,我国旅行社在信息技术应用方面还存在哪些不足?
3. 旅行社运用信息技术有哪些好处?
4. 旅行社电子商务系统由哪几部分构成?

第9章 旅行社的发展趋势及其对旅行社管理的影响

学习重点

- 了解发达国家与我国旅行社的发展趋势
- 了解在新形势下,旅行社管理者应具备什么样的管理理念

第一节 旅行社的发展趋势

一、发达国家旅行社的现状与发展趋势

(一)发达国家旅行社的现状

自1997年以来,多数发展中国家的旅行社仍处在成长壮大阶段,而发达国家的旅行社业开始步入相对稳定的成熟发展阶段。

1. 旅行社的数量出现负增长

1997年以前,发达国家旅行社数量已达到饱和,有的甚至是超饱和,旅游交通、饭店、景区等供应商也开展了网上交易,旅游者消费心理逐渐成熟,追求个性化服务方式,这就使得旅行社的数量严重过剩。结果是在激烈的竞争中,有相当一部分旅行社被淘汰出局。

以美国为例,1997年旅行社数量降至35000家(1996年为42000家),其中出局的多为中小型特别是小型旅行社。这标志着以美国为代表的发达国家旅行社由粗放型的数量增长阶段进入了集约型的质量增长阶段。

2. 旅行社业的结构趋于合理

1997年以来,由于投资结构的变化、经营模式的变化和企业规模的变化,旅行社业基本摆脱了以往压价竞争和1/3旅行社亏损或破产的局面,各种类型和规模的旅行社盈利率都有了提高。如1998年,西方旅行社的平均盈利率达88%,其中大型社盈利率为94%,中型社为91%,小型社为83.5%,基本上呈现出结构合理、良性发展的局面。

3. 旅行社强势集团的扩张势头不减

发端于10年前的旅行社强势集团的跨国收购、兼并、控股、增设等扩张势头仍有增无减,其中有些集团已成为当今世界旅行社业中的"巨无霸",最典型的是美国的运通公司和日本的交通公社。

2000年,美国运通集团公司的分支机构几乎遍布全球,有员工1.56万人,年营业额达到236.76亿美元(其中旅行社主业收入为146亿美元,其余为旅行支票收入)。

2000年,日本交通公社拥有2500个国内分支机构和66个国外办事机构,员工1.24万人,资本金为2170.5万美元,营业收入达116.5亿美元。

上述两家旅行社均已跻身全球企业500强之列。

4. 信息技术的运用更加普及

旅行社在普遍运用网络技术中,最显著的特点是越来越多的旅行社建立了自己的国际互联网站;并通过网上代销、代购实现交易。

据美国旅行社协会统计,1998 年美国有 37% 的旅行社建立了自己的国际互联网站;1999 年上升到 49%;2000 年,美国排序前 5 位的旅行社网上在线销售收入占了全国同比的 58%。

(二)发达国家旅行社的发展趋势

1. 旅行社的跨国经营趋势

今后,国界将不再是旅行社经营的边界,跨国经营将成为发展的重要趋势。因为在当前,旅行社尤其是商务旅行代理商的全球化发展趋势是引起发达国家旅行社业发生各种变化的催化剂。当前经营商务旅游产品的旅行社必备的基本条件之一,就是能够向商务旅游者提供全天候的服务。商务旅行社必须在商务旅游者可能到达世界的任何地点随时准备为他们提供及时的服务。为了做到这一点,很多旅行社纷纷采取在旅游客源地直接建立销售网络和在旅游目的地直接经营地面接待服务。因此,它们采用收购、兼并、合资和联营的方式在不同的国家和地区直接经营旅行社的业务。它们不再像过去那样采取间接的销售渠道战略,即从客源地旅行社那里获得客源,再将他们交给目的地的旅行社接待。

2. 旅行社业集中化趋势

旅行社从诞生的时候开始,就是一个典型的分散型行业,旅行社的数量很多,但是缺少能够对市场发挥重要影响的大型旅行社。但是,进入 20 世纪 90 年代以后,这种局面开始改变。一批跨国经营的大型旅行社集团开始出现在欧美地区,成为旅行社行业举足轻重的大型、超大型企业集团,使旅行社行业出现集中化的趋势,从而使旅行社行业由分散型行业向集中型行业转换,甚至经过一段时间的兼并组合之后,成为寡头垄断型行业。

3. 信息技术的发展将给旅行社带来经营方式的深刻变革

近年来蓬勃发展的信息技术已经显示出其强大的生命力和经营上的巨大优势,从而引起了旅行社行业的巨大重视。可以预见,旅行社将会扬弃其传统的经营方式,转而大量采用信息技术,通过互联网进行产品推介和网上咨询,提供旅游服务预订、旅游线路安排等服务,以便将其销售的触角延伸到每一个潜在旅游者的家庭。这将是旅行社经营方式的一场深刻的变革。可以断言,在未来的几年中,大型旅行社将会在互联网设施和营销方面加大投资力度,并通过在线销售迅速扩大市场,从而打败更多的中小型旅行社,巩固和扩大自己的市场份额,最终建立全球性的旅行社企业集团。

二、中国旅行社的现状与发展趋势

(一)中国旅行社的现状

自 1998 年以来,我国的旅行社业进入产权多样化和市场完全竞争化的发展阶段,并呈现出与以往明显不同的特点,也存在某些问题与不足。

1. 特点

(1)旅行社逐步与主管部门"脱钩"

1998 年,国家旅游局率先与直属企业(包括直属旅行社)"脱钩",标志着旅行社独立面对市场,开始自主经营。

(2)旅行社所有制结构出现重大改变

1998年以来,我国的旅行社进行了产权制度改革和资产重组,涌现出了越来越多的股份制旅行社(集团),打破了以前单一的公有制局面。比较有代表性的有:

①1998年6月,由35个股东发起、注册资本3800万元的广之旅国际旅行社股份有限公司成立。

②中国青年旅行社集团重组成青旅控股集团公司并率先上市发行股票。

③1998年,我国第一家中外合资旅行社成立,它是由中国国际旅行总社、云南旅游集团股份有限公司和瑞士天力集团有限公司共同在昆明滇池国家旅游度假区设立的云南天力旅游有限责任公司。继其之后,又有广州泰康、北京新纪元、北京星辰方舟等合资旅行社出现。2003年12月,我国第一家外商独资旅行社——日航国际旅行社(中国)有限公司成立,之后,全日空国际旅行社(中国)有限公司、英国格里菲旅行社中国有限公司等外商独资旅行社相继成立,至2007年5月底,我国已有7家独资旅行社,14家合资旅行社。

2006年底,在全国旅行社业中,国有独资企业占12.14%;股份制企业占73.37%;其他类企业占14.49%。

(3)以资产为纽带的旅行社集团真正出现

1998年之前的旅行社集团基本上是以行政业务系统为纽带的,而真正的企业化集团是以资产为纽带的。目前,我国已有国旅、中旅、青旅、招商、康辉、铁路六大集团和北京神州、上海春秋、广州广之旅等新兴集团成长为旅行业中的骨干。

(4)旅行社驻地门市的大量增设

1998年以前,几乎所有的旅行社都只有一个营业门市,而近年来,很多旅行社都在所在城市增设门市网点,形成了当前旅行社业中的一个“亮点”。

(5)旅行社业的规模和效益有所扩大

2006年底,全国旅行社已达18475家(其中国际社1688家),总资产484.80亿元,直接从业人员293318人,营业收入1411.03亿元,净利润总额5.79亿元,实缴税金9.90亿元,结汇10.43亿美元,人均创利税5349.14元。

另外,旅行社业内经营管理比以往有所重视和加强,信息技术的利用也较以前扩大,出境游增长较快。

2.不足

我国旅行社业的现状也存在许多问题与不足,有些负面影响甚至有所扩大,主要表现在:

(1)结构问题

①类别结构中国际社只占9.14%左右,明显偏少。

②规模结构中大型旅行社数量不多,百强国际社数量只占国际社总数的5.92%;百强国内社数量只占国内社总数的0.60%;总体实力不强。

③地域结构中多集中在经济发达地区。

(2)竞争问题

①产品雷同,缺乏吸引力和竞争力。

②低价竞争,采取不正当途径“创收”。

③以牺牲质量为代价,致使投诉率居高不下。

(3)管理问题

①缺乏高素质的管理者,职工队伍素质也参差不齐。

②管理理念,管理手段(特别是信息技术)滞后,管理效益欠佳。

③改革步伐缓慢,应对"入世"准备不足。

④短期行为明显,缺乏持久的发展后劲。

(二)中国旅行社的发展趋势

1. 旅行社市场的开放

2002 年我国正式加入世界贸易组织,这将就要求我国的旅行社市场进一步的开放。旅行社市场的开放,可能使我国的旅行社业面临如下困难:

(1)对我国处于发展中的旅行社业造成全面冲击,可能使部分中方旅行社面临生存危机。

(2)旅行社数量的进一步增加会加剧目前行业管理中的混乱局面。

(3)国内大旅行社与国外大旅行社的合资可能会形成垄断局面。

(4)外方旅行社将会发挥旅行社的纽带作用,全面瓜分我国旅游业的利益。

与此同时,我们也应当认识到旅行社市场开放给我国旅行社带来的积极影响:

(1)有利于我们引进新的旅行社运行机制,促进我国旅行社业运行效率的提高。

(2)有利于引进先进的旅行社经营管理经验,加速我国旅行社业与国际接轨和跨国经营的进程。

(3)有利于我国旅行社业的行业管理,特别是在质量管理方面找到突破口。

(4)有利于加速我国旅行社企业制度和分工体系的调整。

(5)有利于在利益导向的前提下提高国外旅行社经营中国旅游业务的积极性,从而促进我国国家客源的开发和旅游业综合效益的提高。

面对我国旅行社业市场的逐步开放,我国旅行社业应该采取以下对策:

①加速对国际旅行社运行方式和管理方法的研究,做到知己知彼,以便更有效地迎接挑战。

②加速行业分工体系的调整,尽快形成实力雄厚的旅行社集团,使其具有有效抵御外来旅行社竞争的力量,并借此为我国依存于大型旅行集团的小型旅行社提供生存空间。

③加速企业制度的调整,明晰产权关系,增强旅行社活力,全面提高旅行社的竞争力。

④加速行业管理制度的建设,为市场全面开放后各类旅行社的公平竞争创造有利的外部环境。

2. 行业分工体系的调整

我国旅行社现阶段的分工体系是水平式的分工体系,也就是说所有的旅行社在旅游产品生产中都发挥着同样的生产、销售的作用,没有实现业务的分工。而国外旅行社的分工体系是垂直式的分工体系,旅游批发商和旅游代理商在旅游产品的生产和销售中进行分工与合作,从而实现了最大的效益。我国旅行社业现行的分工体系是行业政策法规、传统经济体制和现行市场机制综合作用的结果。尽管这一体系在某种程度上具有其存在的合理性,但就我国旅行社行业发展的实践和趋势来看,其最大的弊端是引起下列问题的存在并不断趋于恶化:

(1)大型旅行社没有实现规模经济,规模优势得不到发挥。大型旅行社在经营中具有旅游产品开发、旅游服务采购、旅游市场开拓、旅游接待以及奖金、信息、人才和抵御风险等多方面的优势,因此易于实现规模效益。但在我国旅行社行业中,大型旅行社的规模效益并不明显,优势没有得到充分发挥。

(2)中小型旅行社缺乏明确的市场定位,发展举步维艰。就目前我国中小型旅行社的总体情况而言,其特点集中表现在有限的接待数量和低下的利润水平上。

(3)旅行社业恶性价格竞争盛行,市场秩序混乱。

为彻底解决上述问题,我国旅行社必须实现分工体系的彻底调整。简单地说,我国旅行社分工体系的调整就是要实现大型旅行社集团化、中型旅行社专业化、小型旅行社通过代理制实现网络化经营。

①大型旅行社集团化。在我国旅行社业新的分工体系中,大型旅行社所要解决的重点问题是规模经济问题。我们应使目前约占行业中旅行社总量1%强的那些规模较大的旅行社通过合并、兼并或其他方式重新组合,形成一定数量人、财、物一体化的紧密型旅行社集团。旅行社集团的构架可以承袭现行一些大社采用的总社和各热点地区分支社的形式,但总社和各分支社在人、财、物等资源上应是一体的,采用集团企业的管理方式。大型旅行社在实现集团化以后,其基本业务包括三块,即产品(特别是适合大众旅游市场的标准化旅游产品)开发、市场开拓和旅游接待。而销售业务(这里限指国内旅游和出境旅游)则主要由数量众多的中小旅行社代理。这些举足轻重的旅行社集团把全部资源集中于三块相互联系的旅游业务中,必将提高自身和整个行业产品开发和市场开拓的力度,提高总体接待质量,而旅行社行业也由于避免了很多分散的重复劳动和不规模竞争而减少了资源耗费。

②中型旅行社专业化。大型旅行社通过重新组合实现集团化之后,市场上一些中等规模的旅行社(不排除小部分小型旅行社)应相应调整其经营方向,避开其在经营标准化产品方面的比较劣势,实行专业化经营,以最大限度地满足特定细分市场旅游者的需求。中型旅行社的专业化主要体现在所经营的产品上,针对某些细分市场,对某些产品进行深度开发,形成特色产品和特色服务。在新的分工体系中,中等规模旅行社的专业化发展是一种必然的理性化选择。专业化经营集成本优势与产品专业化优势于一身,解决了这类旅行社因规模较小形不成规模经济,因而也难以直接与旅行社集团竞争的问题。对行业来说,专业化的特色经营起到拾遗补缺的作用,中型旅行社的专业化开发会使旅游产品更加多样化,从而增强旅游产品的总体吸引力。

③小型旅行社通过代理制实现网络化。与大型旅行社实现集团化、中型旅行社实现专业化和连锁经营相适应,众多小旅行社的调整是通过内部改造或增设的方式,在全国范围内实现网络化,成为旅行社业面向旅游者的窗口。旅行社的网络化是由旅游需求的特点所决定的,因为随着社会经济的发展和人们受教育水平的提高,旅游需求在我国也将日益普及,为了便于满足消费者的需求,旅行社的营业场所必须广泛设立于消费者便于购买的所有地方,即实现网络化布局。

我国旅行社的网络化可以借鉴国外的经验,与代理制结合起来,即通过代理制实现网络化(这里的网络化还包括旅行社之间业务联系这层含义)。代理制的实现要求将绝大多数的旅行社改制为代理社。代理社不从事产品开发,基本上也不拥有其他接待设施,其业务是专门从事旅游产品的代理销售,把旅行社的销售触角伸向产生旅游需求的每个角落。前述高度集中的集团化经营方式无法满足这一要求,因为广泛布点无疑会大幅度提高经营成本,加大控制难度和经营风险。众多小旅行社如能变成代理社,就解决了这一矛盾。同时,代理社代理销售旅行社集团和专业社的产品,还可以让那些被代理的旅行社集中资源,专心致力于产品的开发、促销和旅游接待业务,进而通过这种专业化分工和更深层次的合作,实现旅行社业规模经营的目标。

代理社可以只代理销售某一旅行社集团的产品,但更常见的是代理社根据自身条件和市场情况销售多个旅行社集团和专业旅行社的多种产品,这实际上是一种超级市场式的销售方式,它便于旅游者进行充分的选择和购买。这样,除了在佣金和销售提成制度下代理社本身具有较高的销售动力之外,还可以有效地促进被代理社之间的竞争。

我们可以用图描绘出我国旅行社以垂直分工为基础的分工体系调整的目标模式,如图9-1-1所示:

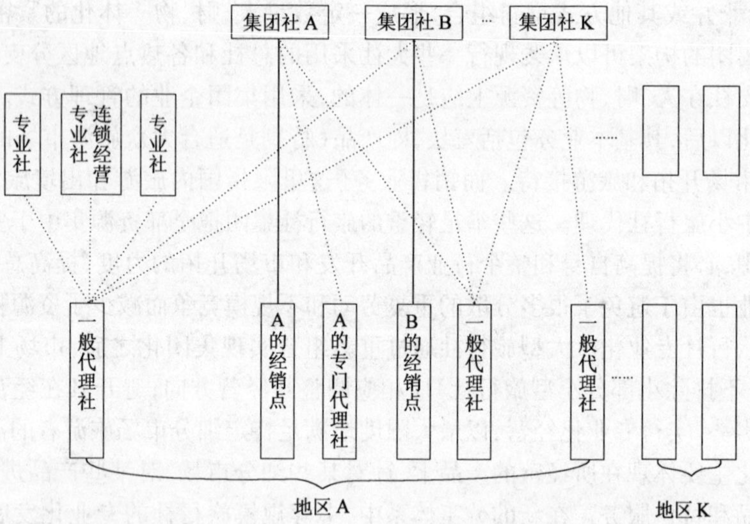

图9-1-1　以垂直分工为基础的分工体系调整的目标模式

说明:图中实线部分表示隶属关系,虚线部分表示代理关系。

3. 我国旅行社的跨国经营

同发达国家旅行社的发展趋势一样,我国旅行社也面临着跨国经营的问题。一方面,跨国经营是国际旅游业发展的大趋势;另一方面,跨国经营也是我国旅游企业适应"入世"的需要。此外,就目前的状况来看,我国旅行社也具备了开展跨国经营的客观条件。

就我国旅游业的现状而言,我国旅行社在实施跨国经营的过程中,必须解决以下几个问题:

第一是企业规模与实力。

第二是符合市场经济需要的现代企业制度的建立。

第三是建立以信息技术为基础的管理与营销系统。

第四是企业的品牌发育问题。

第五是国内市场基础问题。

第六是目标市场与进入模式的选择问题。

在上述问题中,基于市场竞争而形成的现代旅行社集团,是我国旅行社跨国经营发展战略的前提和核心所在。

在上述前提下,我们可以提出我国旅行社跨国经营的“三步渐进”的发展战略。第一步的目标是在市场竞争中形成具有现代企业制度和开放型法人治理结构的大型旅行社集团,从而构筑我国民族旅行社的核心竞争优势。发展战略的第二步目标是要在国内旅游市场巩固企业的竞争优势,并结合我国公民出境旅游市场的发展,向国际旅游市场渗透。第三步发展目标是在企业的核心竞争优势形成和国内旅游市场地位巩固以后,综合利用各种形式的跨国经营策略,开发大规模的国际化经营。

4. 旅行社经营重点开始调整

改革开放后的中国旅游产业是以入境旅游为基础、创汇导向发展起来的,这也为我国旅行社的市场体系构建和产业运营模式奠定了最初的市场基础。但是自1993年和1998年分别出台了促进国内旅游发展和开放我国公民出境旅游市场的政策以来,我国旅游市场结构发生了显著变化。进入21世纪以后,尽管现在我国政府的产业政策是“大力发展入境旅游、积极发展国内旅游、适度发展出境旅游”,但是国内旅游和出境旅游客观上还是在我国旅游市场结构中扮演了越来越重要的角色。

对我国旅行社来说,市场结构的变化给其经营模式的调整带来了难得的契机,表现在以下几个方面:

首先,稳定增长的国内旅游需求为广大中小旅行社的发展提供了极为有利的市场空间。

其次,加速发展的公民出境旅游市场为包括旅行社在内的中国旅游企业的跨国经营提供了坚实的市场基础,也为国内旅行社在与国际旅行社合作的过程中提供了“讨价还价”的砝码。

第三,日益发展的市场有利于整个旅行社产业分工体系的调整。因为只有需求量大了以后,服务供应商的市场细分策略和产业链条的整合才有了现实的基础,也才可以实现我国旅行社分工体系的调整。

5. 建立以现代企业制度为取向的内部管理机制

从企业的层面上看,产权改革和现代企业法人治理结构的完善将是未来中国旅行社改革和发展的主要特征,也就是说,我国旅行社对外要面向市场,对内要建立现代企业制度。

旅行社应致力于建立健全决策民主、运作科学的内部经营管理机制。在内部组织结构上,旅行社应将以导游外联人员为中心改变为以职业经理人员为中心。大力加强企业管理制度和企业文化的建设,构建正规企业长期竞争优势和发展的基础。对那些目前比较活跃的旅行社,一定要注意企业文化和管理制度的构建。绝对不能把企业的未来发展寄托在一两个“精英”人物身上,应当从管理、从投资、从社会发展的角度来考虑旅行社的发展。

第二节 适应市场发展趋势的旅行社管理理念

一、全球化视角的战略管理观念

在旅游产业发展和旅游企业成长的不同阶段,管理的中心是不同的。在发展和成长初期,管理者只需做好内部服务和功能层面的管理(如接待服务、质量控制、财务计划、组织激励等)。相对于企业的长远规划,这些管理工作还属于策略范围。但是,在旅行社业的市场环境快速变化的今天,旅行社的管理者必须考虑超越现代和企业之外的问题:客源市场的消费模式是否变动?政府的政策是否对我们有利?两年或五年以后我们企业的发展目标是什么?企业的发展还需要什么资源?等等。对上述问题的思考和解答将引导我国旅行社管理的中心从“策略”到“战略”的转移。

旅行社市场环境和制度环境的变化要求我们的管理者不能仅仅局限于做好来客的接待工作,还要做好市场份额的扩大工作,让更多的潜在顾客成为旅行社产品的消费者。除此之外,更要做好旅行社资产(包括有形资产和无形资产)的经营工作。从更高的层面来看,一个优秀的旅行社管理者必须把旅行社本身也当成“产品”来经营。这就要求旅行社的管理者熟悉现代市场经济和企业运作制度,并把思考的触角延伸到企业外部的旅游市场、物业市场、金融和证券市场,通过资本运营、品牌发育、营销网络构建、人力资源培育等市场创新和管理创新等手段来“经营”旅行社。

全球化的战略眼光还要求我国的旅行社要关注中国公民出境旅游市场的发展,在政府的服务贸易采购战略、对等开放市场政策的引导下,积极主动地开展跨国经营活动。

二、重视中国公民的国内旅游市场

公民的国内旅游是我国旅游业的基础,也是我国旅行社与外资旅行社竞争的优势所在。入世以后,入境旅游的市场以及在旅行社从事入境旅游业务的骨干,在外资旅行社的客源、科技、品牌和管理模式等优势的影响下,可能会有相当部分的流失。只有在国内旅游市场方面,本土旅行社所拥有的客源熟悉程度、环境认可、历史渊源和人力资源成本等方面优势完全可以转化为竞争优势。在未来10—15年的时间里,中国旅行社能够守得住并极有可能获胜的市场一定是国内旅游市场。然后再凭借与外资旅行社竞争中国国内旅游市场中获得的经验和积累的资源在入境旅游市场上开展竞争。应当说国内旅游市场是中国旅行社在入世以后的市场竞争中具有战略意义的主战场。因此,我们必须高度重视中国公民的国内旅游市场。

三、重视人力资源,完善企业激励机制建设

未来企业的竞争,归根结底是人力资本的竞争,一个企业人力资本的状况将最终决定企业的成败。随着市场竞争的激烈和企业形态的演进,中国旅行社业将需要越来越多的市场营销管理、财务管理、投资管理、品牌管理、信息技术等领域的专业人才。同时,也需要大量懂得现代企业管理的职业经理人。对此,我们一方面要引进和储备,另一方面要提高。最重要的是要建立和完善企业的用人和管理机制,让符合当代旅行社经营管理需要的人能够进来,并且能够留住企业所需要的人才。这就要求转变企业的用人机制,要勇于打破诸如“论资排辈”、“内部选拔”、“只能上不能下”之类的条条框框。

四、应用、推广和普及信息技术

信息技术的应用已经在全球范围内对各行业产生了广泛的冲击。在我国现阶段及未来的一段时间内,必须大力应用、推广和普及信息技术,以此来提高我国旅行社的经营管理水平和国际竞争力。当然,信息技术毕竟只是一种技术手段,应用信息技术的同时应当和企业自身管理水平的提高相结合。可以预见,信息技术在我国旅行社中的应用大体可以分为三个阶段:

在第一阶段，信息技术主要应用于旅行社的内部管理，尤其是较大规模的旅行社的内部管理。面对广大的国内市场，大规模旅行社的理想状态是在全国范围内广泛布点，各营业点之间的信息沟通通过一个高效的信息系统来完成。管理信息系统的构建与应用是旅行社提高经营管理水平、提高办事效率、进行科学管理的必经之路。国际互联网和企业内部网络技术的成熟，为布点分散的企业的管理信息系统的建立提供了保障。

在第二阶段，信息技术应用于旅行社外部网的建设。旅行社的产品是交通、住宿等单项旅游产品的组合。旅行社外部网的建设就是与提供交通、住宿等单项旅游产品的企业之间建立外部网联系，这样就可以在企业之间加强战略合作，及时沟通信息以应对多变的市场需求。旅行社通过信息网络进行产品预订和结账的规范化操作，可以防止由于人为因素造成的信息错误和不良债务的发生。

在第三阶段，信息技术的应用主要表现为旅行社应用互联网和通信技术整合营销系统，加强市场信息搜集、促销、分销与客户关系管理工作等。这一阶段的应用成果对旅行社来说意义重大。

第一，旅行社属于服务型企业，服务型企业与制造型企业相比较，其内部管理中营销管理占有相当大的比重，营销管理是旅行社在未来提高竞争力的关键。

第二，旅行社是以消费者需求为中心的提供旅游服务的企业，消费者需求信息的获得是旅行社生存与发展的前提条件，营销调研系统效率的提高对旅行社提高经营效率至关重要。

第三，当信息技术得到普及以后，消费者的消费行为模式将发生相应的变化，利用信息技术寻找产品和服务的信息将成为普遍现象，旅行社利用信息技术进行促销和分销是未来交易渠道变化后的大势所趋。

最后，当消费者可以低成本地获得产品信息时，旅行社进行大规模的营销活动将无用武之地，通过营销数据库进行客户关系管理，实行"一对一"的定制化服务是旅行社未来的发展方向。

五、适应旅游者消费需求的变化，采取灵活的产品组合策略

未来的旅游者将会越来越成熟，因此，自由、个性、多样化的旅游安排就显得越来越重要。不仅入境旅游如此，国内旅游者也是同样。德国有90%的出游人士选择由旅行社订房和订票，旅游活动则是自行安排的"自助游"。一项专题调查显示，广州有51%以上的人对通过旅行社订房或订票的自助旅游表示接受。这些需求特征反映在旅游产品的选择上，就是散客和团队旅游者越来越希望包价形式更为灵活，产品组合更为丰富，更有特色。适应这一需求的旅游形式就是介于团体包价旅游和自行出游两者之间的小包价和自助旅游。度假型旅游产品和交通、接待设施比较完善的目的地以及文化层次较高、阅历较丰富、个性较强的旅游者正是这类小包价和自助旅游产品的目标市场。

针对旅游者消费模式的发展变化，中国旅行社的企业定位、产品组合和技术创新都需要作出相应的调整。

第一，我国旅行社应当明确定位为"旅游服务提供企业"。旅行社应当随时根据市场需求的变化进行产品创新，而不仅仅局限于现有的市场、产品和经营模式。

第二，我国旅行社的主营业务应当进行一系列的转变：从以国际市场为中心转变为以国内市场为中心，从主要提供常规包价旅游产品转变为根据旅游者需要提供定制化旅游产品，从着眼于休闲旅游市场为主转变为商务旅游和休闲旅游并重等。

第三，考虑到旅游市场结构的变化，我国的旅行社应当改变目前的经营模式。以前我国的旅行社是国外旅行社的地接社，因此旅行社的选址对与布局相对来说不太重要。但是，当旅行社针对国内旅游市场开展业务时，产品的开发、销售、提供同时由旅行社完成，要求旅行社能够充分接近目标市场，了解市场信息，为旅游者购买产品、享受服务提供更便利的条件。因此，市场结构的变化要求旅行社在选址与布局方面作出相应的调整。

本章小结

本章的主要目的在于帮助读者把握和了解旅行社未来的发展趋势，以及旅行社未来将面对的新环境，从而为及时调整旅行社的经营管理理念做准备。为此，本章的第一节主要介绍了旅行社未来的发展趋势；第二节主要介绍了未来的旅行社管理理念。

思考与练习

1. 现在发达国家旅行社呈现出哪些主要特征？
2. 我国旅行社未来一个时期将发生哪些变化？
3. 我国旅行社应当如何应对市场开放的压力？
4. 旅行社的管理者应如何适应新形势的需要调整自己的经营战略？

第2版后记

《旅行社条例》已于2009年1月21日国务院第47次常务会议通过，于2009年2月20日予以公布，并将于2009年5月1日起正式实施。该《旅行社条例》对原有《旅行社管理条例》进行了全面修改，在大大降低旅游行业准入门槛的同时，更加明确了旅行社应承担的法律责任，加大了对旅行社的管理力度。

鉴于此，我们对《旅行社管理概论》作了修订，内容变化主要体现在旅行社的界定、旅行社成立的条件，对外资旅行社的特别规定，旅行社设立的程序，旅行社分支机构的管理、旅行社变更事项的管理以及旅行社的业务经营规则等方面。

本书第一版由江西旅游商贸职业学院调研员、副教授贾春霖担任主编，由东北财经大学高职学院彭绪绢进行统稿定稿和修改完善工作，江西旅游商贸职业学院部分教师参与了编写工作。具体分工如下：第一章、第三章、第四章、第七章由贾春霖执笔，第二章、第八章、第九章由彭绪娟执笔，第五章由江西旅游商贸职业学院副院长、副教授胡建华执笔，第六章由江西旅游商贸职业学院人事处副处长、经济师邱巧玲执笔。本书第二版的修订工作由第一版的作者分工完成。

本书介绍了发达国家和我国旅行社的历程、现状及发展趋势，讲解了旅行社主要的职能性和业务性管理内容。因本书的主要教学对象是中等职业学校在校学生，所以在内容的表达上尽量深入浅出，适当结合事例，鼓励学生独立思考、各抒己见。

学习时，建议各班学生在自愿结合或教师指定的情况下分成若干学习组，每组模拟成一个同类型或不同类型的旅行社，每人担任其中的一位模拟角色。教师按有关章节内容提出一个专题，让每组（社）课下准备后在课堂教学时讨论或演练。

编写过程中，得到了江西省旅游局行业管理处处长罗亦斌等同志的鼓励和支持，江西海外旅游总公司原总经理、现江西虹桥国际旅行社市场总监钱江同志主审了书稿并提出了宝贵的修改意见。在此，谨向他们表示诚挚的谢意，亦向本书所引用文献的作者一并致意。

教材的编写和出版是一个不断完善的过程，对教材使用中的问题，希望广大读者积极反馈，以便不断充实完善。

编　者

责任编辑：郑北星

图书在版编目（CIP）数据

旅行社管理概论/国家旅游局人事劳动教育司编. 第2版. —北京：旅游教育出版社，2005.3（2012.2）

中等职业学校旅游服务与管理专业教学用书

ISBN 978-7-5637-1259-5

Ⅰ.旅...　Ⅱ.国...　Ⅲ.旅行社—企业管理—专业学校—教材　Ⅳ.F590.63

中国版本图书馆CIP数据核字(2005)第001951号

教育部职业教育与成人教育司推荐教材

中等职业学校旅游服务与管理专业教学用书

旅行社管理概论

（第2版）

国家旅游局人事劳动教育司　编

出版单位	旅游教育出版社
地　　址	北京市朝阳区定福庄南里1号
邮　　编	100024
发行电话	(010)65778403 65728372 65767462(传真)
本社网址	www.tepcb.com
E-mail	tepfx@163.com
排版单位	首都经济贸易大学出版社激光照排服务部
印刷单位	河北省三河市灵山红旗印刷厂
装订单位	河北省三河市灵山红旗印刷厂
经销单位	新华书店
开　　本	787×1092　1/16
印　　张	8.25
字　　数	162千字
版　　次	2009年4月第2版
印　　次	2012年2月第2次印刷
定　　价	13.00元

（图书如有装订差错请与发行部联系）